# 위기를 기회로

만드는

# 직장인 재테크

# 위기를 기회로 만드는 직장인 재테크

발행일 2018년 9월 28일

지은이 이 호 룡
펴낸이 손 형 국
펴낸곳 (주)북랩
편집인 선일영 편집 오경진, 권혁신, 최승헌, 최예은, 김경무
디자인 이현수, 김민하, 한수희, 김윤주, 허지혜 제작 박기성, 황동현, 구성우, 정성배
마케팅 김회란, 박진관, 조하라
출판등록 2004. 12. 1(제2012-000051호)
주소 서울시 금천구 가산디지털 1로 168, 우림라이온스밸리 B동 B113, 114호
홈페이지 www.book.co.kr
전화번호 (02)2026-5777 팩스 (02)2026-5747

ISBN 979-11-6299-352-1 13320(종이책) 979-11-6299-353-8 15320(전자책)



이 도서의 국립중앙도서관 출판예정도서목록(CIP)은 서지정보유통지원시스템 홈페이지(http://seoji.nl.go.kr)와 국가자료공동목록시스템(http://www.nl.go.kr/kolisnet)에서 이용하실 수 있습니다.
(CIP제어번호: CIP2018030842)

# 위기를 기회로 만드는 직장인 재테크

이호룡 지음

# 목차

# 프롤로그

# 7 자산보유자에게는 인생의 위기인 경제위기, 하지만 현금보유자에게는 커다란 기회가 된다

블랙홀로 들어가 낯선 행성을 향한 한 우주선. 행성의 얕은 물에 착륙한 우주선에서 내린 연구원 둘과 이를 보조하는 인공지능 로봇은 블랙박스를 찾기 위해 헤맨다. 여성 연구원은 우주선을 지키고 있는 선장에게 멀리 보이는 산 방향으로 가보겠다며 걸어간다. 그러나 산을 한참동안 주시하던 선장은 "그건 산이 아니라 파도에요!"라며 급박한 목소리로 빨리 돌아오라고 무전을 한다.

점점 빠르게 다가오는 산만한 파도를 눈으로 보고서야 비로소 파도라는 걸 알아챈 연구원은 깜짝 놀란다. 간신히 우주선에 도착하여 여자연구원을 먼저 들여보내고 문을 닫아보지만 마지막에 들어가려던 다른 남자 연구원은 거대한 파도에 휩쓸려 희생하고 만다. 결국 우주선은 큰 파도를 간신히 타고 넘어서면서 겨우 살아남는다.

이는 영화 〈인터스텔라〉의 한 장면이다. 이처럼 우리는 믿고 있는 것, 보이는 것에 대한 확신이 대단할 때 오히려 크게 당하고 만다. 너무 쉽게 '보이는 것만을 그대로 믿어버리는 것이야말로 매우 위험한 행위'라는 것을 이미 알고 있음에도 말이다. 특히 〈인터스텔라〉의 여주인공처럼 멀리 보이는 장애물을 산이라 확신하고 빠르게 그 방향으로 가는 모습은 스크린을 바라보는 제 3자의 입장에서야 바보처럼 느끼지만, 우리는 그 여주인공처럼 늘 착각 속에서 확신하는 경우가 많다. 결국 파도에 직접 휩쓸려서야 비로소 파도인지 알게 된다는 것이다.

자본주의 경제시장에서도 이러한 상황은 종종 발생한다. 그래서 경제학은 반복되는 경기 사이클을 분석해 위기의 상황을 예측하는 기준으로 삼으려 노력했지만, 그렇다고 해서 피해가 적었던 적은 별로 없다. 오히려 전문가들이 잘못 해석한 경기 사이클로 인해 많은 사람들이 확신하고 달려드는 시장은 항상 태풍의 눈이었고, 결국 태풍에 쓸려나가는 일은 비일비재했다. 특히 주식시장에서 말이다. 2018년 1월 1일 이후 줄기차게 낙관적 전망을 하던 전문가들에 의해 많은 일반 투자자들은 힘들어 하고 있다. 위기에 대한 말은 많아졌지만, 그래도 계속 투자는 하고 있는 상황이다. 결국 위기에 대한 인식은 하고 있으나 투자를 끝내지는 못한 상황이 된 것이다.

2018년 3월, 빌게이츠는 '금융위기가 확실히 온다'고 발언했다. 뜬금없이 이런 얘기를 한 이유는 잘 모르겠지만 '정보=돈'인 자본주의 사회에서 세계 최고의 부를 일군 빌 게이츠의 발언인지라 꽤 설득력 있는 정보를 근거로 했을 가능성이 높다. 금융위기가 온다면 두 가지 경우의 상황에 맞닥뜨릴 것이다. 그것은 바로 '경제적 타격을 받고 힘들어 하거나 아니면 위기를 기회로 전환하여 부자가 되는 것'이다. 모두 후자가 되기를 원할 것이다. 그러나 이런 선택은 지금 준비하지 않으면 파도가 눈앞에 와 있을 때는 너무 거대하여 입만 벌리고 쳐다 만 보는 격으로 위기의 상황에 직면할 수밖에 없다.

혹시 IMF사태를 기억하는가? 당시 필자는 '캉드쉬가 한국에 오든 말든 무슨 상관이야! 나는 밥만 잘 먹고 있는데…' 하던 고등학생이었다. 그런데 건설회사 부도 뉴스가 한창 나오던 중 아버지가 덤프트럭을 팔고 정리하는 모습을 지켜보았다. 골프장을 엄청나게 짓던 제주도에도 공사현장 일이 씨가 말라버렸던 탓이다. 거기다 아버지가 공사대금으로 받은 건설사 어음까지 부도나며 그 전에 일해서 번 돈까지 날리는 상황이 되어버렸다.

이렇듯 글로벌 이슈는 필자에게 직접적인 영향을 주었지만 파급경로를 알기에는 매우 복잡하고 이해하기 어려웠기 때문에 미리 대비할 수 없었다. 그리고 그때는 IMF가 뭔지도 제대로 몰랐다. 그러니 큰 파도가 치면 그런가 보다하고 바로 맞을 수밖에 없었던 것이다.

이처럼 멀리 있을 때는 산으로 보였기 때문에 대비를 하지 않게 된다. 그러나 눈앞에 도달해서야 파도를 맞았을 때 쓰러질지 버틸지의 결과에만 집중한다. 만일 멀리서 움직이는 파도를 보며 큰지 작은지를 알려고 노력했다면 그런 위기는 피해갈 수 있었을 것이다.

고객과 상담을 하다보면 대부분 자신을 '평범한 직장인'이라고 한다. 주변에 있는 직장인들과 자신이 다르지 않기 때문에 느끼는 것을 평범하다로 간주한다. 그들이 말하는 평범한 직장인은 야근과 박봉에 힘들어도 버티기로 일관한다. 스트레스가 극에 달해 예민한 상태가 되더라도 이를 꽉 깨물고 버텨내는 것이다. 마치 러닝머신 속도에 맞춰서 뛰는 사람처럼 말이다. 아무리 빨리 뛰어도 앞으로 나아가기 힘들고, 아무리 지쳐도 러닝머신 속도에 맞춰 뛰지 못하면 후퇴하게 되고 결국 "꽈당!" 하며 넘어지는 것이 '평범함'이다. 그러면서 옆에 사람들과 소줏잔을 주고받으면서, '다들 그렇게 산다'라는 말로 위로를 주고받는 것이다. 

이런 평범함을 지키는 것은 매우 힘든 일이다. 그래서 평범하게 사는 것이 결코 만만한 것이 아니라고 다들 입을 모은다. 평범함에 여유를 더하기 위해서라도, 또한 평범함을 넘는 수준의 인생을 살기위해서도 결국 돈이라는 문제가 해결되었을 때 이뤄진다. 돈은 시간과 자유를 주는 수단이기 때문이다.

그래서 월급만으로는 절대 해결할 수 없는 평범한 직장인이 재테크를 열심히 하는 것이 아니겠는가! 재테크로 꾸준하게 자산이 증가하면 다행이지만 금융위기가 올 때마다 재테크 실패로 자산이 줄어든다면 평범함의 수준을 아래로 이탈하는 상황도 벌어진다. 즉, 금융위기는 평범한 삶(?) 이하로 살게 할 수 있는 커다란 위험이다. 반대로 위기는 평범함을 지키기 위해 온 힘을 다하던 사람들에게 평범함의 유리천장을 뚫고 올라갈 수 있는 기회로 작용할 수도 있게 한다. 금융 위기로 모두가 고통스러워하는 시기가 아이러니하게도 자산 가격이 가장 싼 시기이기 때문이다. 그러니 현금이 있다면 부자가 될 절호의 기회이기도 하다. 위기에 어쩔 수 없이 자산을 팔아야 하는 사람은 매우 고통스러운 시기이지만, 자산을 살 돈이 있는 사람에게는 말 그대로 '대(大) 바겐세일'인 시기인 셈이다. 이때는 명품도 동대문 시장 티셔츠 가격으로 살 수 있는, 인생에서 흔치않은 기회가 된다. 그렇다면 적어도 위기에 평범함을 잃지 않기 위해 준비해야 하지 않겠는가. 평범함이 지겨운 사람들도 인생역전이 허무맹랑한 일이 아니라는 것을 증명하고 싶다면 경제위기를 잘 활용해야 한다. 바다를 잘 아는 사람이 물이 바뀌는 시기를 알 듯이, 물이 바뀌는 시기에 기회가 온다.

필자는 이 책에서 언제 올지 모르는, 그러나 작년이나 재작년보다는 한층 가까이 다가온 위기에 대한 징후를 설명하고, 이에 대한 준비는 어떻게 해야 하는지도 구체적으로 기술하려 한다. 여러분에게 위기를 위기 그자체로 받아들이지 않게 하면서 기회로 바꿔줄 전략을 전달하고자 한다.

사실상 현재의 자본주의 체제는 부의 이전이라는 기회가 줄어들고 세습화하고 있다. 그래서 '금수저, 흙수저'라는 말도 등장했다. 나의 능력이 아닌 부모님의 능력이 나의 인생을 좌우할 확률이 크고 매우 불공평한 시스템이 되어가고 있는 것이다. 절대 바뀌지 않을 세습자본주의에서 부의 이전을 실현시킬 수 있는 시기도 결국 현 체제의 시스템에 고장이 났을 때라는 것을 명심해야 한다. 평범한 직장인에게 가장 큰 기회가 될 경제위기, 그 거대한 파도는 이미 만들어지기 시작했다!

- 이호룡 -

# 제1장

# ‘티끌 모아 티끌’이라는 박명수의 명언이 현실화되지 않는 법

13

**인간은 필요로 하는 것보다 더 많이**
**좋은 것을 갖고자 하는 욕구를 타고났다.**
**- 마크 트웨인 -**

"너네 알바해서 돈을 벌어도 절대 집 못산다! 부자가 못된다! 그냥 써버려!"

이는 〈청춘페스티벌〉이라는 축제에서 박명수가 한 강연에서 한 말이다. 이는 모여 있었던 청년 관중들의 환호를 자아냈다. 욜로(YOLO,you only live once)를 박명수 스타일대로 표현한 이 말은 잠시 청년들의 공감과 위로의 역할을 했다. 그리고 이는 그의 어록 중 '티끌 모아 티끌'이라는 유명한 말로 자리매김했다.

그런데 이 '티끌모아 티끌'은 경제학적 시각에서도 씁쓸하지만 매우 의미 있는 팩트(사실)이기도 하다. 경제학자 토마 피케티(Thomas Piketty)는 《21세기 자본론》에서 '자본이익률이 경제성장률 보다 높아지면서 결국 부의 불평등이 심화될 수밖에 없다'고 했다. 쉽게 말해 '회사를 경영하거나 노동으로 벌어들이는 돈보다 많은 돈을 보유한 자산가가 돈을 굴려 돈을 버는 것이 수익이 더 좋다'는 뜻이다. 자산이 넘쳐나는 부자는 계속 더 큰 부를 얻을 수 있는 반면 흙수저가 열심히 일해서 경제적 부를 얻기란 더 어려워지고 있다는 것이다. 심지어 더 심각한 것은 금수저와 흙수저 사이의 부의 격차가 점진적으로 벌어지는 것이 아니라 기하급수적으로 벌어지고 있다는 점을 지적했다.

따라서 열심히 일해서 번 돈으로 부자가 되기보다는 상속으로 물려받은 재산을 키워서 다시 물려주는 것이 훨씬 부자 되기가 쉽다. 바로 금수저는 끝까지 금수저이고, 자식도 금수저라는 것이며 이는 손자손녀 세대까지도 계속 이어진다. 예전에 '부자는 3대를 못간다'고 했는데 요즘은 대대손손 갈 수 있다는 게 바로 피케티의 주장이다.

예를 들어, 철수는 대대로 김 씨 가문의 종손이자 4대 독자로 선대로부터 내려오는 재산을 물려받아 현재 재산이 10억이 있다고 하자. 김 씨는 취업하여 연봉 5천만 원을 받는다. 명수는 어렸을 적 평범한 중산층에서 커서 물려받은 돈은 없다. 철수와 같은 직장 동기로 취업하여 같은 연봉을 받고 있다. 이들은 월급을 타서 월 100만 원씩 5% 이율의 적금에 저축을 하고 나머지는 생활비로 모두 썼다. 1년 후 원금은 1200만 원이 되었고, 이자는 60만 원이 되었다. 이렇게 둘이서 직장생활을 하며 매년 100만 원씩 10년을 저축했다. 명수는 물려받은 게 없는 흙수저라 아래와 같은 계산이 나온다.

| 구분 | 단리 | 연복리 | 월복리 |
|---|---|---|---|
| 1년 | 1,233만 원 | 1,232만 원 | 1,233만 원 |
| 2년 | 2,525만 원 | 2,526만 원 | 2,529만 원 |
| 3년 | 2,878만 원 | 3,885만 원 | 3,891만 원 |
| 4년 | 5,290만 원 | 5,311만 원 | 5,324만 원 |
| 5년 | 6,763만 원 | 6,809만 원 | 6,829만 원 |
| 6년 | 8,295만 원 | 8,362만 원 | 8,411만 원 |
| 7년 | 9,888만 원 | 10,033만 원 | 10,075만 원 |
| 8년 | 11,540만 원 | 11,767만 원 | 11,823만 원 |
| 9년 | 13,253만 원 | 13,588만 원 | 13,661만 원 |
| 10년 | 15,025만 원 | 15,499만 원 | 15,593만 원 |

| | |
|---|---|
| 투자기간 | **120개월** |
| 수익률 | **5.00%** |
| 일시금 | **0만 원** |
| 월 저축액 | **100만 원** |
| 만기금 | **15,499만 원** |

15 연복리로 매월 100만 원 씩 저축하여 연 5%의 복리 수익을 얻는다면, 10년 후 15,499만 원이 된다. 그러나 철수는 물려받은 10억까지 5%의 수익이 나는 저축을 했다면, 아래와 같이 10년 후 178,389만 원이 된다.

| | |
|---|---|
| 투자기간 | **120개월** |
| 수익률 | **5.00%** |
| 일시금 | **100,000만 원** |
| 월 저축액 | **100만 원** |
| 만기금 | **178,389만 원** |

| 구분 | 단리 | 연복리 | 월복리 |
|---|---|---|---|
| 1년 | 106,233만 원 | 106,233만 원 | 106,233만 원 |
| 2년 | 112,525만 원 | 112,776만 원 | 113,023만 원 |
| 3년 | 118,878만 원 | 119,647만 원 | 120,039만 원 |
| 4년 | 125,290만 원 | 126,862만 원 | 127,413만 원 |
| 5년 | 131,763만 원 | 134,437만 원 | 135,165만 원 |
| 6년 | 138,295만 원 | 142,391만 원 | 143,313만 원 |
| 7년 | 144,888만 원 | 150,743만 원 | 151,878만 원 |
| 8년 | 151,540만 원 | 159,513만 원 | 160,882만 원 |
| 9년 | 158,253만 원 | 168,720만 원 | 170,346만 원 |
| 10년 | 165,025만 원 | 178,389만 원 | 180,294만 원 |

저축을 시작하는 첫 달에는 철수와 명수는 10억이라는 재산 차이가 났다. 그러나 10년 후에는 15억여 원이 차이가 난다. 10년 만에 5억 이상의 차이가 벌어진 것이다. 명수는 철수가 사기를 당해서 몽땅 날리지 않는 이상 절대 돈으로 이길 수 없는 상태가 된다. 철수가 벌어들인 6억이 넘는 이자는 '명수의 연봉으로 15년을 일해야 얻을 수 있는 소득'과 같다. 사실 투잡으로 밤에 대리운전으로 15년간 연봉 5천만 원을 추가로 번다고 해도 그 시간에 16억은 또 복리로 돌아가고 있기 때문에 변수가 없는 이상 결국 따라잡기란 불가능하다. 엄청난 노동을 함에도 불구하고 말이다.

그래서 사회적 불평등이 커지면 커질수록 서민들은 상대적

빈곤감과 박탈감에 자괴감에 빠지는 이들이 많아지고, '열심히 일해도 안 된다'는 패배의식이 사람들을 허무함에 빠지게 한다.

예전에는 엄청난 공감을 얻었던 '아프니까 청춘이다'라는 메시지가 요새는 공감은커녕 비난을 받는 이유는 사회 구조적인 문제를 개인의 문제로 치부해버리려는 의도처럼 비춰지기 때문이다. 그리고 욜로(YOLO)가 성행한 것은 미래의 경제적 안정 및 행복을 위해 현재를 희생당하지 않겠다는 의미가 담겨있지만, 그 이면에는 현재를 희생해도 미래가 나아지지 않는다는 실망감도 깔려 있다. 그러니 지금을 즐기는 게 경제적으로도 훨씬 남는 장사가 된다. 그래서 박명수의 농담처럼 나온 이 말이 현 시대를 풍자하는 명언이 되어 버린 것이다. 앞서 언급한 '티끌모아 티끌'말이다. 이처럼 자본주의 시스템에서 부의 역전은 불가능해 보인다. 그런데 '티끌모아 태산'이라는 정석이 통하는 시기가 있다. 바로 금융위기이다.

필자가 증권사 근무시절 고객과 상담한 내용을 소개하고자 한다. 친한 지인의 소개로 채권에 관심이 많은 70대 고객 분댁에 방문한 적이 있었다. 당시 100억 정도의 자산을 가지고 있었으며 현금으로 10억 정도를 보유한 분이 그런 자산에 비해 일반 아파트 40평대에 사시면서 상당히 소박한 생활을 하고 계셔서 무척 놀랐다.

상담하던 중 평소와는 달리 나도 모르게 "어떻게 이런 큰 자산을 만드셨습니까? 저도 배우고 싶습니다."라는 말이 불쑥 나왔다. 솔직히 이런 얘기를 고객과 만나면 잘하지 않았는데 말이다. 깔끔하고 정갈한 느낌의 고객 분이 인상적이었기에 나도 모르게 그분의 과거가 궁금했던 것이다.

그분은 1980년대 후반부터 시장에서 꾸준히 떡 방앗간 집을 운영하셨다고 했다. 그리고 집을 산 시기는 1990년대 후반이었다. 그렇다면 100억의 부는 정확하게 13~14년 만에 일군 것이었다. 뒤통수를 세게 한 대 맞은 느낌이었다. 그분의 말씀인즉슨, 새벽부터 밤늦게까지 떡을 만들어 배달했고, 잠자는 시간 외에는 뭘 할 틈이 없었다고 하셨다. 그래서 적금도 시장에 찾아와 도장을 찍고 예금하는 새마을 금고 같은 곳에 저축할 수밖에 없었다. 1990년대 중반이 넘어서면서 떡집은 더 바빠졌다고 한다. 개업하는 곳이 많아졌기 때문이다.

그리고 얼마 지나지 않아 IMF가 터졌다. 개업하는 곳이 많은 이유는 반대로 폐업하는 곳이 많았기 때문이었다. 줄줄이 대기업들의 부도가 났고 거기에 딸린 하청업체까지 부도가 나면서 서울의 부동산 가격은 폭락했다. 그런데 그때 IMF가 뭔지도 모르고 새벽부터 밤늦도록 일만하고 10년 넘게 적금과 예금만 했던 이 분은 친구로부터 한통의 전화를 받았다. 사당동에 2천만 원짜리 아파트가 나왔다는 정보였다.

'싸도 너무 싸다'는 생각에 일을 팽개치고 직접 확인한 결과 진짜 매물이 있었다. 그는 2억 원 가까이 되는 예·적금과 전세금을 털어 십여 채의 주택을 샀고, 이것이 마술처럼 100억으로 불어났다고 했다. 나중에 알고 보니 부동산 중 일부 매입한 것은 1998년 미분양 주택이 많았는데 싸게 나온 물량을 공격적으로 사드렸기 때문이었다. 그리고 어느 정도

여유가 생기고나서 시장의 방앗간은 비싼 가격에 팔아서 편안한 노후를 보내고 있다고 하셨다. 아마도 그 당시 고객분이 그렇게 바쁘지 않았다면 예·적금을 하지도 않았을 뿐 더러 친구 및 지인의 좋은 정보라는 꼬드김에 빠져 IMF때 그 만한 현금은 모으지 못했을 지도 모른다.

어쩌면 이처럼 애매한 투자 정보를 받지 않는 것이 오히려 더 좋은 전략이 되어준 것인지도 모른다. 이 사례에서 보듯, IMF 시기는 누구나 모든 자산 가격이 매우 싸다고 확신할 수 있던 때였다. 이때 고객 분은 누구의 말도 들을 여유가 없었기 때문에 현금이라는 강력한 무기를 보유할 수 있었다. 그리고 그 한 번의 기회로 부자의 반열에 우뚝 설 수 있었던 것이다.

1997년, 한국의 IMF 위기는 한국 기업의 위기이기도 했다. 이때 한국의 가계는 전 세계에서 저축을 두 번째로 많이 하는 나라였다. 즉, 가계의 현금 보유 상황은 좋은 편이었음에도 직업을 잃게 된 이들이 상당 수였다. 그러나 이번에 다가올 한국의 위기는 기업이라기보다는 가계의 위기이다. 가계부채는 매년 최고치를 경신하면서 결국 갚지 못할 상태가 되었다. 대출금리가 오르고 부동산 시장에 적신호가 오면서 상황은 더욱 심각해졌다. 한국은행이 금리를 올해 들어 한 번도 못 올릴 정도로 말이다. 하반기에는 올릴 수 있을지 모르겠다. 이런 상황을 보면서 무디스 같은 신용평가사들의 한국의 부채문제에 대한 경고 횟수가 증가하고 있다. 이런 상황에서 '무엇을 준비해야할까?'라고 묻는다면 '당장 빚부터 정리하고, 부동산을 팔아서 현금을 보유하라'고 하고 싶다. 그리고 가정과 본인의 재무 상태를 진단해보아야 한다.

그래야 기회가 다가올 때 단번에 잡을 수 있기 때문이다. 지금 당신의 재무 상태는 어떠한가?

## 제2장

# 위기 속 기회를 잡으려면 재무상태표부터 당장 만들어라

21

**기업의 미래를 추정하는 가장 좋은 방법은**
**치밀하고 끝없는 사실 수집이다.**
**될 수 있는 한 많은 현장의 자료와 데이터,**
**사실들을 수집하고, 사람들을 만나 데이터를**
**교차 검증하는 수밖에 없다.**
**- 필립피셔 -**

재무 상담 시 가장 곤란할 때가 '가족에 대한 가치와 소박한 행복'에 대해 고객이 얘기할 때이다. 매우 공감이 가는 얘기들이긴 하지만 결국 내 집 마련으로 귀결되기 마련인데 이때 나오는 단골 메뉴는 역시 '주택청약'이다. 청약통장을 5년을 적립하고 있다는 고객부터, 청약에 당첨되어 프리미엄이 벌써 기천만 원이 붙었다던가, 내 집에 입주 시기가 얼마 남지 않아 즐겁다는 분들이 행복한 고민에 빠져 있는 표정으로 상담의뢰를 할 때이다.

그 이유를 설명하자면 '이런 행복이야말로 결국 투기'라는 것을 증명해야하기 때문이다. 이에 대한 부연 설명을 하다보면 고객들은 충격을 받아 멍한 얼굴로 나를 쳐다보거나 아니라며 부정하는 발언들을 쏟아내게 되는데, 통상 비재무적인 가족의 가치가 금융적 관점에서 투기라고 매도되는 것에 대한 격한 반응을 보이는 이들이 대다수이다.

결국 설득을 위해 보여드리는 그림이 있다. '왜 이런 것이 투기'인지를 잘 보여주는 것이기 때문에 좀 더 이성을 찾기만 하면 수긍하고 가족의 행복을 위해 청약을 하지 않는 쪽으로 가닥을 잡는다. 지금 이 책을 읽는 분들도 매우 이해하기 힘든 내용일 수 있다. 어렸을 적부터 주택청약은 가정의 안전한 보금자리로서 행복한 가족을 위해서 반드시 필요한 수단이었기 때문이다.

그러나 나는 "돈에 대해서는 좀 더 냉정해져야 가정의 행복을 지킬 수 있습니다."라고 말한다. 지금처럼 금리인상과 가계부채 등의 문제가 심각한 시기에는 주택청약 당첨은 매우 위험한 선택이고, 빚으로 인한 가정의 불화로 연결될 수 있기 때문이다. 챕터 1의 마지막에도 언급했지만 이 내용을 알려면 먼저 재무상태표부터 이해해야 한다. 그래야만 지금 이 시점에 주택청약 당첨으로 분양을 받았을 때 왜 위험한지를 제대로 알 수 있기 때문이다.

먼저 자산의 재무상태를 알려면 기업회계에서 사용하는 재무제표와 같은 원리의 간단한 재무상태표부터 이해해야 한다. 그 기업의 자산과 부채 그리고 자본 상태를 보면서 어떤 기업인지를 평가하기 위해서 꼭 확인하는 것이 재무상태표인데, 이것은 기업뿐만 아니라 돈을 다루는 모든 조직에서 작성하고 관리하는 것이기도 하다. 이처럼 개인도 재무상태표로 좋은 재무 상태인지를 평가하려면 본인의 자산과 부채 그리고 자본을 꼼꼼히 표에 작성해보면 된다. 그러면 냉정하게 재무상태가 좋은지 한 눈에 알 수 있다. 따라서 꼭 만들어 볼 필요가 있다. 그러나 일단 '회계'라는 단어가 나오는 순간 '이건 나와 상관없는 일이야. 머리 아프다'라는 생각과 함께 마음도 멀어질 수 있다.

그러나 필자가 말하는 재무상태표는 초등학생도 알 수 있는 아주 쉬운 것이며 여러분의 가계 재무상태표도 쉽게 만들 수 있으니 꼭 만들어보길 바란다. 사실 숫자로 나의 재무상태를 표시하는 건 매우 객관적인 지표이다. 현재 내 인생에서 자산관리가 어떤 상황인지를 잘 보여주는 장점이 있기 때문에 매우 중요하다.

인생을 살면서 사연 없는 돈이 어디 있으랴 만은 재무상태표에 기입해야 하는 이유는 다음과 같다. 그럼에도 불구하고 자산이 늘고 부채가 줄었다면 노력의 결실을 보고 있다는 것이고, 반대로 이런 저런 사연으로 힘들어서 부채만 늘었다면 더욱 분발하기 위한 지표가 될 것이기 때문이다. 가난을 극복하기 위해서 내 책상 앞에 초라한 성적표라 할지라도 재무상태표를 크게 붙여 보는 것은 어떨까? 본격적으로 재무상태표 작성을 위해 지금부터 설명해보겠다.

**재무상태표**

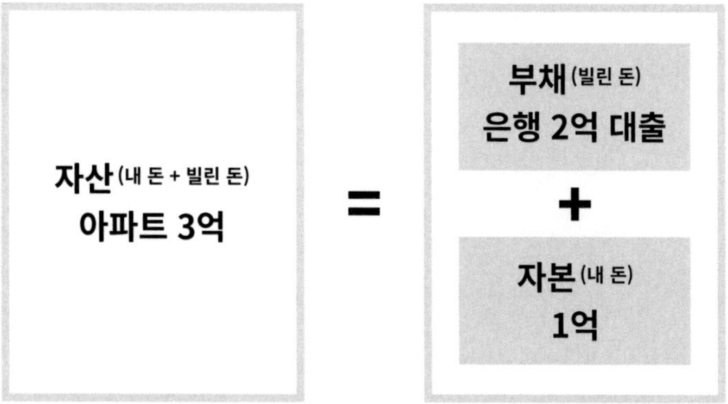


위의 표는  한 개인의 재무상태표를 간단하게 나타내본 것이다.

**자산 = 자본 + 부채**

이 공식은 언제나 성립하는 아주 중요한 개념이지만 매우 간단한 논리다. 아파트 사는데 내 돈 하고 빌린 돈을 합쳐서 사는 건 누구나 알고 있지 않은가? 그래서 왼쪽(차변)에는 내가 구입한 자산을 쓰면 되고, 오른쪽에는 자산을 사기 위해서 빌린 돈은 위쪽에, 내 돈은 아래쪽에 작성하면 된다. 오른쪽 위와 아래 항목을 더하면 왼쪽에 자산 가격이 된다는 것을 표시한 것일 뿐이다. 자산가격의 상승과 하락에 따라 오른쪽을 고쳐나가면서 항상 같은 등식이 될 수 있도록 만드는 것이 재무상태표이다.

재무상태표를 보면 자산이 빚으로 이뤄졌는지 아니면 순수하게 내 돈으로 이뤄졌는지를 한눈에 명확히 알 수 있다. 따라서 진짜 알부자인지, 아니면 허울만 좋은 부자인지를 알 수 있다. 화려한 빚쟁이인지 실속파 알부자인지 재무상태표가 다 말해주기 때문이다.

예를 들어, 우리는 주변에서 '자산이 많은 사람'을 부자라고 한다. 그러나 엄밀히 분석해보면 빚만 많은 빛 좋은 개살구일 수도 있다. 재무상태표를 보면 자산은 자본이 거의 없이 부채만으로도 형성될 수 있기 때문이다.

100억 빌딩 자산가가 있다고 해보자. 그렇다면 재무상태표 왼쪽 자산에 빌딩 100억이라고 표시를 할 것이다. 그 다음에 내 돈이 얼마나 들어갔는지 자본에 표시를 하게 되는데 만약 10억을 표시한다면 부채는 90억이 된다.

만약 이렇게 된다면 정말 자산가라 할 수 있을까? 우리가 알고 있는 자산가=부자라는 의미가 이 사람에게도 성립이 될까? 글쎄 나는 불안한 빚쟁이로 보인다. 그 이유는 부채비율 때문이다. 재무상태표의 오른쪽 자본과 부채의 비율을 말하는 것이다.

**부채 비율 = 부채/자본**

이는 매우 중요한 건전성 지표이다. 100억 빌딩 자산가는 자기 돈 10억과 빌린 돈 90억이므로 부채비율은 900%가 된다. 이런 투자는 앞에서 여러 번 언급했듯이 10% 하락에 파산하게 될 수도 있다는 것이다.

**재무상태표:**
**자산 10% 하락 시**

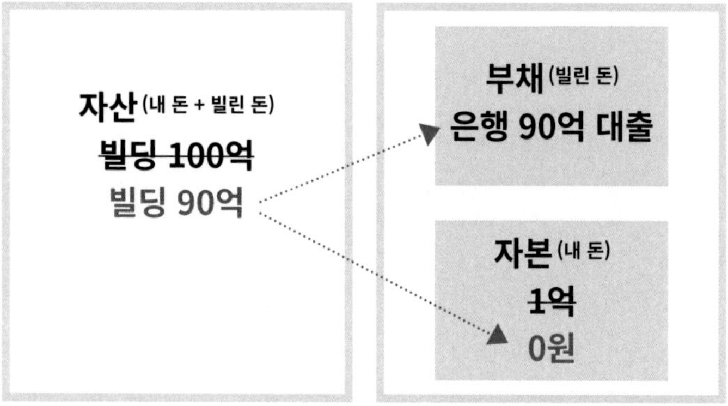


좀 더 구체적인 표현으로 살펴보겠다. 100억짜리 빌딩의 가격이 10% 하락하면 10억이 하락한 것이다. 그러므로 빌딩 가격은 90억이 된다. 그렇다면 좌변과 우변이 맞아야 하기 때문에 우변에서 10억을 차감해야 한다. 그런데 부채인 90억은 은행돈이기 때문에 부채에서 자산 차감액 만큼 뺄 수 없다. 부동산 가격이 하락했다고 은행이 불쌍히 여겨 대출금을 할인해 주지는 않는다. 자본인 내 돈을 차감해야 한다. 그런데 돈은 10억밖에 없다. 그러니 이 돈을 삭제하면 좌변과 우변이 같아진다. 그러므로 우변에는 내 돈은 0이 되고, 대출만 남는다. 그러면 은행에서 이런 상황이 되면 전화가 온다. 다시 어느 정도 금액을 맞춰 놓지 못하면 빌딩을 압류하겠다고 말이다. 돈이 없는 상태에서 대출이 90억인 자산가에게 돈을 또 빌려줄 은행은 없다. 결국 자산은 압류되고 빈털터리가 된다. 그래서 빌딩이 있지만 사실 빚쟁이인 셈이다. 그렇다면 반대의 경우를 한번 생각해보자.

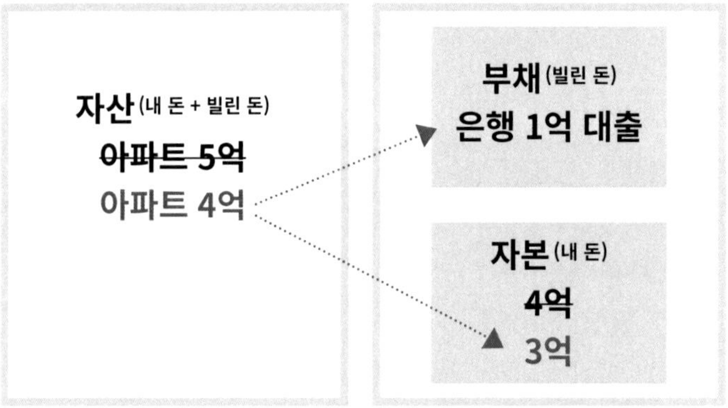


**재무상태표:**
**자산 10% 하락 시**

위의 재무상태표를 가진 사람은 100억 빌딩 자산가보다 가난해 보인다. 그러나 부채비율을 봤을 때는 자산가보다 매우 탄탄한 자산관리를 해서 웬만한 위기에도 끄떡없는 상태이다. 즉, 100억 빌딩 자산가보다 태풍(금융위기)에 잘 버틸 수 있는 사람이다. 5억짜리 아파트를 매입하는데 본인 돈(자본) 4억과 은행에서 빌린 돈(부채) 1억을 사용했다. 부채비율은 쉽게 25%가 나올 것이다. 그러니 아파트 가격이 20% 하락해도 문제는 없다. 편하게 집에서 살면 된다."그래도 1억이 떨어지면 살 떨리지 않을까요?"라고 묻는 이들이 간혹 있는데, 그럴 수도 있겠지만 요점은 그것이 아니라 금융위기라는 태풍에 휩쓸려 넘어가지 않고 잘 버틸 수 있느냐이다.

일부 경제학자와 전문가들에 의하면 2018년 현재, 글로벌

27 금융시장은 2006년 말에서 2007년 초 정도의 시기와 비슷한 조건들이 나타나고 있다고 한다. 특히 미국의 금리인상이 올해가 절정이 될 것이고, 내년이 마무리되는 모습도 그렇고, 인플레이션이 상승하는 것도 그렇게 닮았다고 한다. 그리고 짧게는 1년에서 2년 후 금융위기가 올 수 있다는 전망이 증가하고 있다.

결국 경기 사이클의 정점을 찍고 하락하는 시점에 들어온 것이 아니냐는 게 설득력을 얻고 있는 것이다. 그렇다면 그 순간을 버틸 힘이 있어야 한다. 그러나 빌딩을 소유한 자산가는 부채비율이 900%이기 때문에 버티기 전에 빌딩은 은행으로 넘어간다. 위기가 끝나고 자산 가격이 올라도 빈털터리다. 그러나 부채비율이 25% 밖에 되지 않는 26페이지의 재무상태표 보유자는 문제없이 다시 자산 가격이 오르는 혜택을 누릴 수 있다. 따라서 위기에 버틸 수 있는지를 보는 지표인 셈이다. 당신은 '위기에서도 버틸 수 있는 부채비율인가?'를 꼭 확인해볼 필요가 있다. 언제라도 불어 닥칠 태풍에 대비해서 말이다.

2008년 금융위기 이후 글로벌 은행들은 스트레스 테스트를 받았다. 이는 정확하게는 금융시스템에 대한 스트레스 테스트이며, 이는 금융시스템이 어떤 사건에 대해서 얼마나 취약한지를 테스트하여 그 은행의 안정성을 평가하는 것으로 일어날 수 있는 은행의 위험을 가정하여 시뮬레이션해보는 것이다. 위의 재무상태표에 자산가격의 폭락을 가정했을 때 어떻게 버틸 수 있는지를 보는 것도 스트레스 테스트 중 하나이다.

은행은 스트레스 테스트를 통해서 심각한 문제점이 발생하면 부채비율을 낮추기 위해 자산을 팔고 부채를 줄이는 은행의 재무상태에 대한 건전성을 높이기 위해 노력한다. 기업 또한 마찬가지다. 자금이 필요하여 은행에서 대출할 때 부채비율이 250%가 넘어가면 은행은 대출을 일단 꺼리기 된다. 그러면서 꼭 대출해야 한다면 부동산 담보를 요청하거나 이마저도 없다면 기술보증이나 신용보증에서 보증서를 받아오라고 요구한다. 이에 대한 책임은 은행이 아니고, 기술보증과 신용보증에 전가하는 것이기 때문이다. 그만큼 기업도 빚이 250%가 넘으면 신용이 위험하다는 것이다.

재무 설계를 받아본 경험이 있는 사람들은 모두 부채비율에 대해서 진단받아 봤을 것이다. 그래서 높다면 이를 줄이는, 건전하다면 투자와 저축에 집중하여 자산을 불리는 솔루션을 받았을 것이다.

부채비율이 높으면 갑자기 비상자금이 필요할 때 재무건전성이 심하게 흔들리기 때문에 계획을 이어나가기 힘들다. 당장 자녀가 유학을 간다하여 1억이 필요하거나 또는 부모님의 필요에 의해 1억을 구해야한다면 부채비율이 높은 경우는 자산을 처분하여 해결할 수밖에 없다. 은행에서도 더 대출해주기 힘들기 때문이다.

또 한 가지 중요한 개념은 '레버리지 배율'이다. 이것은 쉽게 말해 내가하는 투자가 정말 투기가 아니라 건전한 투자인지를 알려주는 방법이다. 다시 위에 있는 재무상태표를 가지고 설명하자면 다음과 같다.

**재무상태표:**
**자산 10% 하락 시**

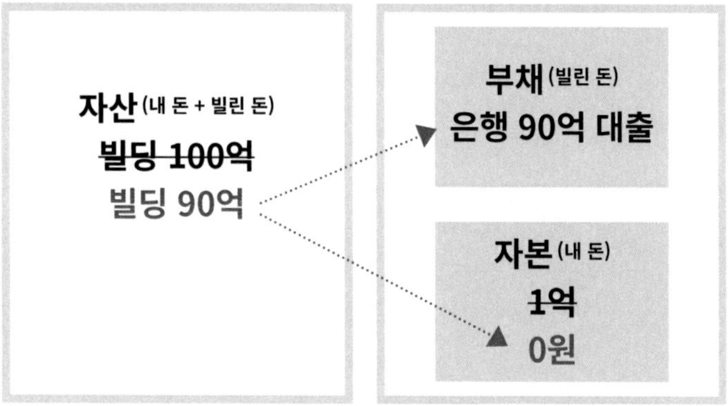


**레버리지 배율 = 총 자산 / 자본(내 돈)**

100억짜리 빌딩을 자기돈 10억으로 산다면 이는 레버리지 배율이 1000%가 된다. 즉, 10배 짜리 도박을 하는 것이다. 1000%(레버리지 배율) = 100억(총 자산) / 10억(자본)

이는 10%의 상승에 내 돈의 두 배 수익을 불릴 수 있겠지만 반대로 10% 하락은 빌딩이 은행에 압류되는 상황이 된다는 것이다. 즉, 부채비율과 비슷하지만 좀 더 투기적 요소를 제대로 볼 수 있는 지표인 것이다. 그렇다면 이번 챕터의 서두에서 상담 사례에 나온 청약은 왜 투기가 될 수 있는지 설명해보겠다.

**청약 당첨은**
**투기다!**
**3억 아파트 당첨**

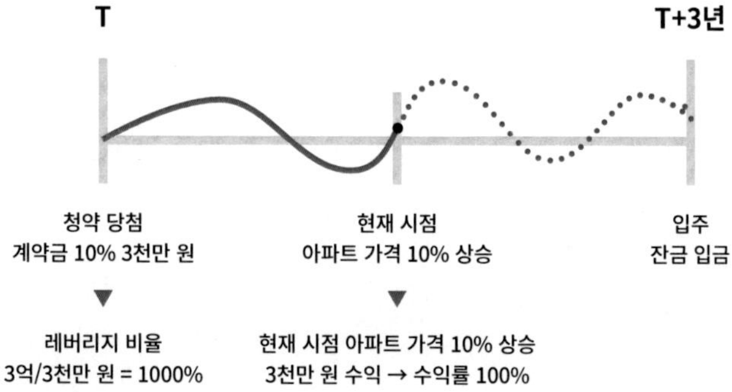

우리는 아파트 청약을 너무 안전하다고 쉽게 생각하는 경향이 있다. 그러나 위의 그림을 보면 알 수 있듯이 3억짜리 아파트에 청약 당첨이 되고 난 후 계약금 3천만 원을 내고 나면 입주 전까지 3천만 원으로 3억 아파트 가격의 움직임에 따라 수익을 낼 수 있다. 그래서 그림에 나온 대로 현재 시점에 아파트 가격이 10% 상승했다면, 내가 투자한 원금 3천만 원 대비 3천만 원 수익을 낸 것이기 때문에 100% 수익이 된다. 이건 아파트 가격의 10%를 투자하고 10배의 아파트에 투자하는 방식이기 때문에, 아파트 가격이 10%만 상승해도 내가 투자한 원금의 100% 수익률을 얻게 되는 마술인 셈이다. 바로 레버리지 배율이 10배이기 때문에 가능한 것이다. 결국 입주 시기(T+3년)까지 계속 행해지는 투기와 다름없다.

물론 중간에 중도상환금도 지불해야하지만 레버리지가 낮아질 뿐 레버리지는 계속된다. 마지막 입주하며 잔금을 치른다면 이때는 내가 보유하고 있던 자본과 은행에서 대출받은 부채가 확정되어 부채비율이 확정된다. 이때의 레버리지 배율은 실질적으로 낮아지게 될 것이다. 그러나 그렇게 지불하기 전까지는 아찔한 노름판과 같은 것이다.

문제는 부동산 시장이 침체가 되면서 곧 마이너스 프리미엄이 되면 (일명 '마피'라고 함) 중도금을 내고 싶은 마음이 사라지고 '이미 낸 계약금을 포기해야하나?' 고민하게 되는 상황도 벌어진다. 만약 3억 원짜리 아파트 프리미엄에 투자한 3천만 원이 모은 전 재산이라면 입주하기 전에 아파트 가격이 10%만 하락해도 내가 투자한 원금 100%를 잃는 상황이 되는 것이다.

이런 상황에서 중도상환기일은 다가온다면 대출로 그 게임을 이어가는 것 밖에 되지 않는다는 것이다. 대출해서 노름판에 뛰어드는 셈이다. 그러나 내가 봤던 고객 몇 명은 3억부터 5억까지 다양한 주택청약에 당첨되어 프리미엄을 3개에서 5개까지 가지고 있었는데 이는 정말 이 아파트에 모두 살고 싶어서라기보다는 프리미엄의 이익 때문이다. 매매차익을 노리는 것이었기 때문에 매우 위험한 도박이었다.

고객 중에는 자신이 모은 1억으로 분양권 3개의 프리미엄에 투자한 사람도 있었다. 1억으로 10억짜리 자산에 투자한 것이다. 이 고객이 상담이 왔을 때에는 프리미엄 상승에 의한 수익률을 자랑하며 매우 좋은 투자를 했다고 자부했다. 그러나 나는 이것이 팔리지 않고, 끝까지 진행되어 본인이 집에 입주했을 때의 자산 10억과 자본 1억 그리고 부채 9억에 대해서 설명해주었다. 그리고 2018년과 2019년 시장상황을 브리핑하면서 재무상태표를 정리하게 하였다. 본인이 직접 만든 재무상태표를 보면서 아파트 가격 10% 하락 시 어떻게 되는지를 물었다. 거기에 답을 못하더니 한 달이 채 걸리지 않고 프리미엄을 모두 정리했다. 그리고 상당히 건전한 재무상태표에 편안한 마음으로 안정적인 투자를 하고 있다.

부동산 시장에 대한 부정적 전망이 나올 때마다 가슴을 쓸어내린다는 말을 했다. 이게 과연 가족의 행복을 위한 보금자리라고 할 수 있는가? 물론 본인은 내 집 하나를 마련하기 위해서 했다고 하지만, 주택청약 자체가 선물옵션이라는 파생상품과 거의 같은 구조로 이뤄져 있기 때문에 매우 위험한 투자라는 것을 강조하고 싶다.

선물을 예를 들어 다시 설명해보겠다. 삼성전자 주식을 100만 원이라고 가정하고 이를 10만 원만 주고 투자해서 주식 시장에서 삼성전자 주가가 오르내림에 따라 그 수익 또는 손실이 나는 투자이다. 그러니 100만 원인 삼성전자 주식이 10% 올랐다면 하루만에 10만 원이 올랐고, 내가 투자한 돈은 10만 원임으로 두 배를 벌지만 반대로 마이너스 10%라면 하루 만에 내 돈 10만 원은 사라진다. 이처럼 분양권 또한 같은 구조의 위험한 투자인 셈이 된다.

정리하자면 올해와 내년은 위와 같이 부채비율과 레버리지 배율이 매우 중요해지고 있는 시기이다. 시장이 금리인상의 중반을 넘어서면서 미국 연준의 금리인상이 한국 시장금리에도 누적적으로 압박을 주고 있기 때문이다.

그런데 아직도 부동산 투자 쪽만 바라보는 투자자들은 의미 없다며 계속해서 부동산 불패신화를 외치고 있다. 그러니 나중에 위기가 온다면 그들은 매우 위험한 상황이 될 것이다. 2018년이라는 시간은 본인의 재무상태표를 작성하고 부채비율과 레버리지 배율을 점검하라. 그리고 지금이야말로 수정할 수 있는 마지막 기회란 것을 잊지 말아야 한다. 위기에 같이 휩쓸리지 않으려면 말이다.

33

**"비관주의자는 모든 기회에서 어려움을 보고,**
**낙천주의자는 모든 어려움에서 기회를 본다."**

**- 윈스턴 처칠 -**

## 제3장

# 지금 자산 관리는
디레버리징을
해야 할 때이다?

**우리가 어느 날 마주칠 불행은**

**우리가 소홀히 보낸 지난 시간에 대한 보복이다.**

**- 나폴레옹 -**

2017년 12월의 어느 날, 우연히 한 재테크 관련 프로그램을 보게 되었다. 부동산 전문가가 나와서 레버리지 투자를 해야 된다며 열변을 토하고 있었다. '사업가는 절대 자기 돈으로 사업하지 않는다'는 표현을 써가며 말이다. 레버리지가 상당히 전문적인 투자 전략인 듯 무용담처럼 얘기하고 있었다. 앞의 챕터에서 부채비율과 레버리지 비율에 대해서 개념을 알아보았는데 이번 장에서는 시장상황에 따라 레버리지 배율을 어떻게 조절하는지도 설명해보겠다.

레버리지(Leverage)는 '지렛대'라는 뜻으로 투자에서는 빚을 지렛대 삼아 수익을 극대화하거나 내 돈이 부족하여 투자하기 힘들 때 돈을 빌려서 하는 투자를 레버리지 투자라 한다. 쉽게 말해 부채를 끌어다가 나의 돈과 합쳐서 투자하라는 것이다.

**레버리지 = 빚(자산을 사기 위한 대출액)**

가끔 재테크 전문가들이 "레버리지가 몇 배야?"라는 얘기를 할 때가 있다. 그 투자 레버리지의 '배' 또는 '%'로 통상 얘기하는데 계산 방식은 매우 간단하다.

$$\text{투자 레버리지(배/\%)} = \frac{\text{총 투자액(내 돈 + 빌린 돈)}}{\text{자기자본(내 돈)}}$$

예를 들어 3억짜리 아파트를 산다고 가정하자. 내 돈이 9천만 원 밖에 없지만 대출로 2.1억 원을 받아서 매입한 것은 투자 레버리지가 얼마일까? 3억을 9천만 원으로 나누면 투자 레버리지는 3배가 된다. 총 333%의 레버리지 투자라고도 한다. 그래서 아파트 가격이 20% 상승했다면 아파트는 3.6억 원이 되고, 내가 투자한 원금 9천만 원에서 6천만 원을 벌었으니 나의 수익은 67%(반올림 계산)가 된다. 집값은 20% 올랐는데 레버리지 투자로 20%의 3.33배를 번 것이다. 이것을 재무상태표로 표시한다면 다음과 같다.

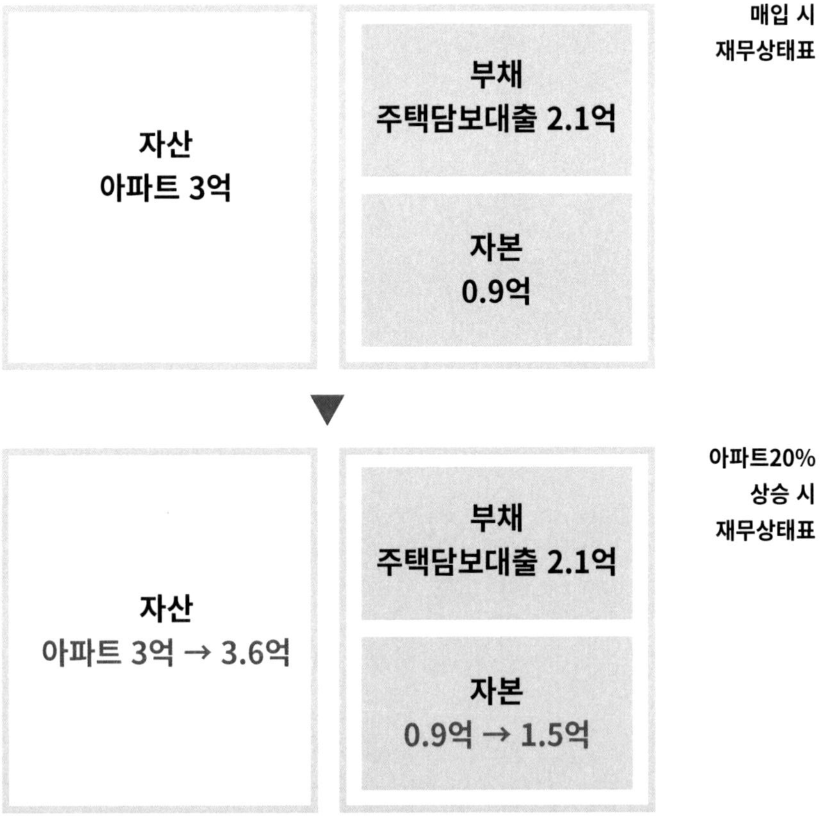

37 재무상태표의 기본은 자본(내 돈)+부채(남의 돈 즉, 대출)=자산(아파트)이다. 여기서 아파트가 20% 올랐으니 자산은 3.6억이 된다. 그리고 부채는 자산이 오르건 내리건 항상 2.1억이기 때문에 바뀌지 않는다. 그러니 자산(3.6억)=부채 2.1억 + 자본X이므로 자본X는 부채를 자산 방향으로 이항하여 빼주면 답이 나온다. 즉, 자본X = 1.5억 원이 된다.

이렇게 레버리지는 수익이 난다면 빌린 돈에서도 수익이 창출되기 때문에 매우 효율적인 투자라 볼 수 있다. 그러나 반대로 아파트 가격 하락 시에는 상당한 충격을 준다. 즉, 레버리지 한 만큼의 마이너스 폭도 커지게 된다. 이것을 다시 재무상태표로 표시한다면 아래와 같다.

**매입 시 재무상태표**

| | |
|---|---|
| **자산**<br>**아파트 3억** | **부채**<br>**주택담보대출 2.1억**<br><br>**자본**<br>**0.9억** |

▼

**아파트20% 상승 시 재무상태표**

| | |
|---|---|
| **자산**<br>**아파트 3억 → 2.4억** | **부채**<br>**주택담보대출 2.1억**<br><br>**자본**<br>**0.9억 → 0.3억** |

매입 시 재무상태표는 동일하다. 그러나 아파트 가격이 20% 하락하면 부채는 그대로 있기 때문에 내 자본이 깎인다. 그러니 아파트 가격의 20%인 6천만 원을 내 자본에서 차감해야한다. 아파트 가격이 내려갔다고 은행이 주택담보대출을 깎아주는 것은 아니기 때문이다. 그러니 3천만 원 밖에 남지 않는다. 이렇게 된다면 은행에서 전화가 올 것이다. 부채를 일부 상환하라고 말이다. 만약 그렇지 않을 시에는 경매로 넘어갈 위기를 겪을 수도 있다. 앞으로 일어날 일이라고 보면 된다. 주식도 마찬가지다. 레버리지 투자로 많은 돈을 벌 수 있지만 반대로 주가 하락 시 매우 쉽게 돈을 잃을 수 있는 경험도 한다. 그러니 레버리지 활용 시에는 매우 주의해야 한다.

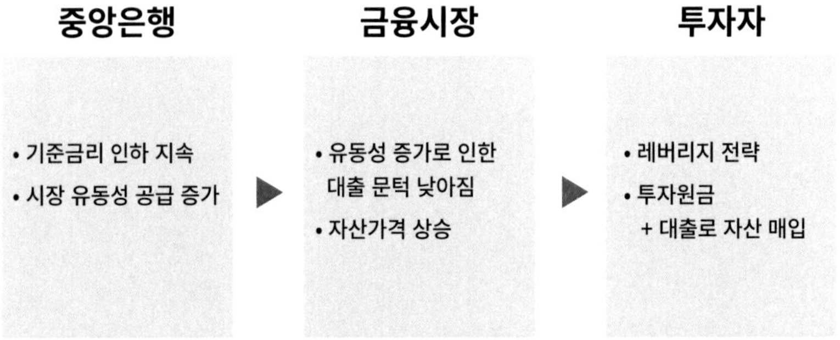


그렇다면 레버리지 투자를 해야 할 때와 하지 말아야 할 때는 언제일까? 그 타이밍의 정답은 금리의 방향성에 달려있다고 할 수 있다. 금리 하락기와 상승기를 구분하면 기준을 잡을 수 있다. 금리 하락기에는 레버리지 투자를 한다면 성공할 확률이 높다. 반대로 금리 상승기에 레버리지 투자를 하면 큰 손해를 볼 확률이 높다. 왜 그럴까? 금리가 하락하는 시기는 사람들이 대출을 쉽게 할 수 있다. 정부 정책적으로도 유동성을 증가시켜야 하는 상황이기 때문에 은행에서 대출을 많이 해주기를 권장한다. 그러니 당연히 이자가 내려갈 것이고, 이로 인해 예금 금리는 낮아질 것이다. 그럼 예금을 하고 싶지 않은 사람들이 주식이나 부동산 투자에 자연스럽게 관심을 가지게 된다. 이때 정부 정책적으로 은행 문턱을 낮췄으니 사람들은 예금 보다 대출 후 자산을 사려는 움직임이 증가하는 것이다. 반대로 금리상승기에는 은행입장에서 금리가 상승하는 초기에는 대출을 더 많이 해주고 싶어서 공격적으로 영업하지만, 금리 상승이 꾸준히 진행되어 금리 상승기의 중반 정도에 도달하면 자산 가격이 하락하고, 연체율이 높아지면서 불안한 상황이 오기 때문에 대출을 꺼리게 된다. 버블을 관리하는 정부입장에서도 더 이상의 완화적 정책은 쉽지 않다. 이때 한국은행은 금리인상을 하면서 상승한 자산가격의 거품을 빼서 위기를 준비한다.

그런데 이때 레버리지를 적용한다면 재무 상태표에서 봤겠지만 자산 가격 하락으로 내 돈은 흔적도 없이 사라질 수 있으며 자산은 은행에 넘어가게 되는 상황이 벌어질 수 있다. 그러니 금리 상승기에는 절대 레버리지 투자를 하면 안 된다.

2017년 12월은 이미 미국의 금리인상이 한 해에만 3번이 올랐고, 2015년부터 총 5번이 오른 상태였다. 그리고 2018년 3번 더 올릴 것이라는 계획이 있고, 우리나라도 올리지 않으면 큰일이 날 수 있다는 전망들이 나오던 시기였다. 이럴 때 '대출받아서 집을 사라'는 것은 '파산하라'는 의미와 다르지 않다.

**금리 중 COFIX 금리는 주택시장의 레버리지와 디레버리징**

## 전략의 타이밍을 알려준다?



아파트 가격을 몰라도 앞으로 아파트 가격이 오를지 내릴지를 알 수 있는 방법이 있다. 바로  주택담보대출 시 변동 금리의 기준이 되는 COFIX 금리를 보면 된다.

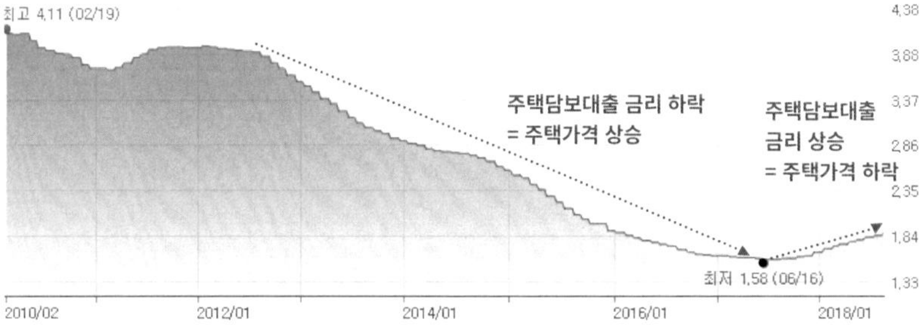


코픽스 금리는 주택담보대출의 대표적인 변동 금리이다. 위의 차트를 보면 알 수 있듯이 2013년 이후 주택담보대출 금리가 하락하는 것을 알 수 있다. 그 이후 꾸준히 하락하여 2017년 6월 16일 1.58%로 저점을 찍는다. 그리고 이후 금리는 상승한다. 금리 하락기의 부동산 시장 분위기는 매우 좋았다고 할 수 있다.

그러나 2017년 하반기부터 슬슬 부동산 위기론이 나왔고, 2018년 상반기 부동산에 대한 부정적인 시각들이 전문가들 사이에서도 나오고 있다. 하지만 코픽스 잔액기준 금리 차트를 보면 금리 상승은 이제야 시작한 정도로 미미하다는 점이다. 이렇게 대출금리가 얼마 오르지 않은 시점에서 벌써 어렵다는 얘기가 나온다는 것은 문제가 심각하다는 것을 의미한다. 다시 코픽스 잔액기준금리가 2010년의 고점

4.11%를 찍는다면 통상 주택담보대출 금리는 6%에 육박할 가능성이 높다. 그러므로 그때는 대출 원리금을 상환하지 못해 연체하는 집 주인들이 많아지고, 경매 물건은 증가할 것이다. 사실 개인적으로는 코픽스 금리가 10년의 중간값인 2.7%대만 가더라도 통상 시중의 주택담보대출 금리는 4.5%를 넘을 것으로 보이기 때문에 이때부터 좀 더 어려움을 겪을 수 있을 것이라 판단된다. 이유는 금융위기 이전과 이후에도 현재의 가계대출만큼 상승한 적은 없었고, 은행은 문턱을 높여 대출을 잘해주지 않기 때문이다.

결국 레버리지를 일으켜서 집을 살 수 있는 수요가 줄어들게 되며 가계대출의 심각성 때문에 약간의 대출금리 인상으로도 이전보다 민감하게 반응하는 매도자가 증가할 수 있기 때문이다. 원래 투자가 투기화 되어가는 과정은 아무리 비싸도 받아줄 투자자가 있을 때 성립하지만, 투자자들이 자금을 끌어오는 원천인 은행이 대출을 막고 있으니 투기의 상승은 종료하는 시점을 맞게 되는 것이다. 이때 화들짝 놀란 투자자들은 조금씩 자산을 팔고 은행 예금으로 몰리기 시작한다. 이전에 예금이자가 얼마 되지 않았던 것에 비해 두 배의 이자가 나온다면 안전하게 예금하겠다는 심리가 높아지면서 예금에 돈이 몰리는 것이다. 이런 상황에서는 레버리지 투자한 이들은 약간의 하락에도 레버리지 투자 배수에 따라 폭락을 경험하게 된다. 지금은 금리하락기가 아니라 금리상승기다. 레버리지 투자는 제 무덤을 파는 것이다. 금리 상승기가 끝나는 시점을 기다리며 레버리지 투자를 위해 자금을 비축할 때이다.

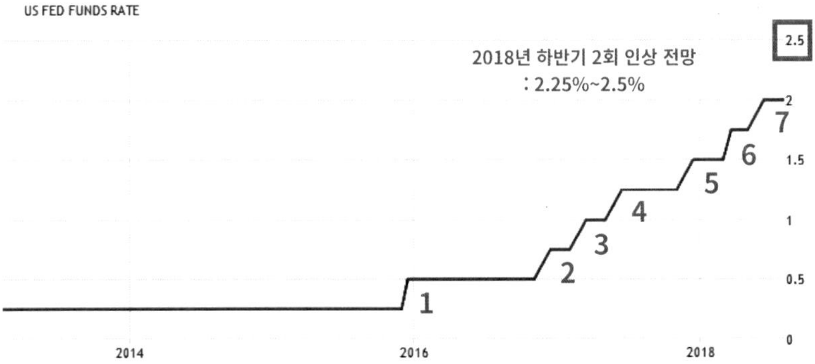


**미국 연방은행 기준금리**

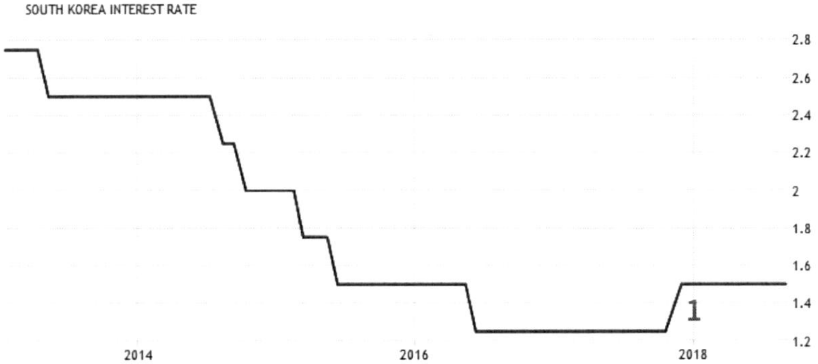


**한국은행 기준금리**

미국 연방은행의 기준금리 차트를 보면 2015년부터 꾸준히 금리를 일곱 번이나 올렸다. 그러는 동안 우리나라는 겨우 한 번 올렸다. 우리나라의 기준금리 차트를 보면 2016년에도 금리를 인하하는 모습이고 보인다. 그 이후 2017년 말이 되어서야 한 번 올리고 끝난다. 그렇기 때문에 2018년 하반기에는 한국은행은 마음이 더 급해진다. 이미 미국은 2%의 기준 금리이지만 우리나라는 이제야 1.5%이기 때문이다. 2018년 7월 현재까지 나오고 있는 미국 연준의 금리 인상 전망은 하반기 2회 정도이다. 그러나 우리나라는 하반기에 2회의 인상을 하기 힘들 정도로 경제가 어려운 상황이다. 특히, 실업률 상승과 부동산 투기 열풍의 부작용으로 인한 경기침체에 대한 압박이 크기 때문이다.

지금 누구에게 묻더라도 금리 하락기라고 대답하는 사람은 없을 것이다. 명백하게 금리 상승기이다. 그렇다면 이런 시기에는 레버리지 전략이 아니라 디레버리징 전략을 실행해야한다. 디레버리지(Deleverage)는 부채를 상환하여 레버리지를 축소 또는 제거하는 것을 말한다. 앞에서도 언급했듯이 이자 부담은 금리가 오를수록 가중되고, 이자를 감당하지 못하는 사람들이 늘면 자산 가격은 하락한다. 그러므로 금리상승기에는 수익이 난 자산을 빠르게 현금화하고, 빚은 갚아서 비용을 줄이는 전략이 중요하다.

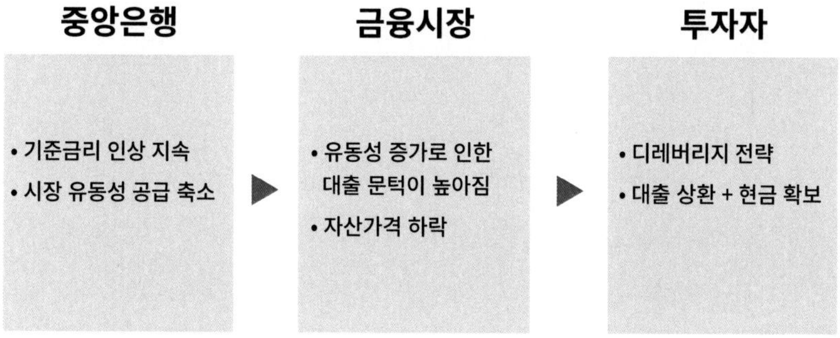


그러나 현재와 같이 금리 인상기에는 위의 표와 같이 투자자는 디레버리징 전략을 실행해야 한다. 이것이 금리를 보면서 내 자산을 불리고 지키는 방식이다.

**디레버리징 전략은 금리인상기 초기에 해야 하는 이유**

1930년대 대공황 시절, 디플레이션이 발생하였다. 미국의 경제학자 어빙피셔(Irving Fisher)는 부채 디플레이션이 원인이었다고 설명한다. 통상 디플레이션이라고 함은 자산 가격 하락으로 인한 자산 디플레이션을 말한다. 어빙피셔는 부채가 과다해져서 이를 상환하느라 가지고 있던 집이나 차, 땅, 공장 등을 팔게 된 것이다. 이렇게 되면 파는 매물들이 급증하게 되고 자산 가치는 폭락하게 된다. 결국 기업은 부도가 늘어나면서 일하던 노동자들까지 실직하게 된다. 그래서 노동자들은 부채를 갚을 여력이 없어 또 자산을 팔게 되고 자산 가격은 더 빠르게 하락한다. 부채를 상환할 수밖에 없었던 이유는 금리가 빠르게 오르면서 원금과 이자를 갚는 것이 부담스러워졌기 때문이다.

결국 어빙 피셔의 부채 디플레이션이란 '부채 때문에 자산 가격이 더 크게 하락하는 현상이 발생했다는 것'을 의미한다. 즉, 경기침체를 가속화시키는 요인 중 하나가 '부채과다'라는 주장을 한 것이다.

이 현상은 대공황 때뿐만 아니라 2008년 금융위기 때도 똑같이 나타난다. 서브프라임 모기지 사태로 금융위기가 발생하자 미국인들은 집을 팔고 부채를 상환하는데 집중한다. 세계 최고의 소비국가인 미국 국민들조차 소비를 줄이고 저축을 늘리게 된다. 그래서 소비와 투자가 제대로 이뤄지지 않자 기업부도는 증가하게 되고 실업률은 급등하게 된다. 단지 미국뿐만 아니라 유럽도 같은 증상을 보였다. 전 세계적으로도 부채상환에 여념이 없었다. 따라서 우리나라 같이 수출로 먹고사는 나라는 타격이 클 수밖에 없었고, 구조조정으로 실업률을 높이게 되어 내수시장까지 충격을 주는 현상이 발생한다.

개인의 입장에서는 부채를 상환하여 재무 상태를 건전화하는 것은 좋은 것이지만, 모든 사람들이 부채를 상환하여 본인의 자산 건전화에 여념이 없다면 결국 앞에서 언급한 과정이 반복되면서 금융위기의 악순환이 계속되게 된다.

이를 '디레버리징 패러독스(역설)'라고 한다. 부채를 갚는데 혈안이 되어 기업은 부도율이 증가하고, 실업률도 증가하며 투자가 일어나지 않아 경제는 계속 위축된다. 부채를 상환하여 건전한 재무상태가 될 줄 알았지만 직업이 없어 힘든 삶을 이어가게 된다는 것이다.

결국 글로벌 경제에서 우리나라가 이런 디레버리징 패러독스에 걸려들지 않기 위해서 개인이 걱정되어 투자나 소비를 늘릴 필요는 없다. 정부가 그 해결책을 찾으면 된다. 그래서 개인의 입장에서는 언제 닥칠지 모르는 위기를 위해서 디레버리징은 최선의 방법이다. 시기적으로 앞에서 언급한대로 디레버리징은 반드시 금리인상기에 시작되어야 한다. 그러나 위기가 온 후에 시장 환경이 나빠져서 은행 등에 의해서 담보 확충 등의 요청으로 어쩔 수 없이 디레버리징을 당하게 된다면 즉, 소 잃고 외양간 고치는 격인 매우 실패한 자산관리 전략이 된다.

따라서 앞에서 언급한 기준금리를 중심으로 시장금리를 관찰하고 여기서 주택담보대출의 변동금리인 코픽스(Cofix) 금리까지 오르는 것을 확인한 시기에는 자산을 현금화할 타이밍을 잡아서 반드시 자산과 부채를 축소하여 자본을 극대화해야 한다. 즉, 금리인상기에 이뤄지는 디레버리징 전략이 중요하다는 의미이다.

금리인상기가 중반을 넘어서기 전에 하는 것이 좋다는 것에 유의할 필요가 있다. 금리인상의 현 시점은 초기를 지난 것은 확실하다. 따라서 현금화하기 어려운 부동산부터 반드시 현금화하는 노력을 해야 한다. 그래야 금융 위기 시 하락한 자산을 싸게 매입할 수 있고, 또한 정부는 정책적으로 급격한 금리인하로 유동성 공급에 최선을 다하기 때문에 레버리지 전략을 취하는데 용이하기 때문이다.

쉽게 말해 '은행 문턱이 매우 낮아질 때'라는 것이다. 그때 레버리지 전략을 몇 배로 할지는 본인의 시장에 대한 식견에 따라 다르겠지만 어쨌든 그때가 기회임에는 틀림이 없다. 이는 역사적으로 반복하며 배운 사실이라는 점에는 공감할 수밖에 없을 것이다.

'강태공이 위수변에서 주(周)문왕 기다리듯…'이라는 속담이 있다. 강태공은 곧은 낚시 바늘로 낚싯대를 드리우고 3년을 기다려 주나라 문왕의 선택을 받아 재상이 된다. 큰 뜻을 품고 때가 오기를 기다릴 필요가 있다는 뜻이다.

당신은 레버리지 전략을 펼 시기가 올 때를 대비하여 2018년, 현재 디레버리징을 얼마나 하고 있는가. 결국 지금은 기다리고 정비할 때이다. 매우 중요한 타이밍이 왔을 때 수익을 극대화할 수 있는 상태로 만들기 위해서, 투자 고수들은 쉬는 것도 투자라고 한다. 투자는 반드시 돈을 써서 자산을 사야만 하는 것이 아니다.

47 **“나는 행운이란 준비와 기회의 만남이라고 생각한다.”**

**- 오프라 윈프리 -**

# 제4장
# 갭 투자, 과연 앞으로도 승승장구할까

49

## 투자자는 깊이 생각하지 않고 행동을 취하는 것보다 아무 행동도 하지 않고 깊이 생각하는 것이 더 낫다.

**- 앙드레 코스톨라니 -**

"2008년 금융위기도 겪었고, 누구나 위험한 상황인 것을 알고 있습니다. 그래서 미리 10년간 대비를 했는데 설마 앞으로 큰일이 나겠어요? 너무 기우(杞憂)아닙니까?"

강의 시간에 또는 고객에게서 자주 이런 질문을 받았다. 그러면 이렇게 답변한다. "그래서 한국은 역사상 최대의 가계부채를 졌고, 산업화로 고도의 발전을 하던 한국의 가계가 처음으로 위기를 맞게 생겼는데요. 우리가 IMF를 맞았을 때 그때는 기업의 위기이지 가계는 오히려 현금이 많아서 걱정이 없었을 때입니다. 웬만한 중산층들은 퇴직 후 치킨 집 하나 차릴 정도는 되었죠. 그 이유는 세계에서 저축률이 2위였던 국민들이었기 때문입니다. 그러니 IMF가 온 이후 직업적 안정은 사라졌지만 그때도 가계는 빚이 많지 않았죠. 또 2008년 금융위기 때도 우리나라는 충격이 크지 않았어요. 오히려 주식투자를 하지 않은 사람들은 타격이 거의 없었죠. 그런데 그 이후 10년 동안 돈 빌려서 모두 부동산에 올인 했고, 아직도 부동산에서 헤어 나오지 못하고 있는 사람들도 많습니다. 그런데 위기를 알고 대비한 것 맞나요?" 그러면 웃으면서 질문한 사람은 "그러네요."라고 답한다.

사실 우리는 2008년 금융위기 이후 다큐멘터리부터 시사토론까지 위기에 대한 얘기를 많이 했다. 그러나 얘기를 많이 했다고 하여 실제로 이것을 대비한 것은 아니다. 이는 가계 부채와 관련된 통계에서도 나타나고 있다. 즉, 살을 빼야하는 사람이 살 빼야 한다는 말을 하루에 100번씩 한다고 하여 식이요법이나 운동을 실행하지 않는 이상 다이어트를 했다고 할 수 없는 것과 같은 이치이다. 그러니 알고 있다고 많이 들었다고 아무것도 하지 않으면서 이미 한 것처럼 말하는 것은 문제를 더욱 키울 뿐이다. 다시 말해 입으로 되새김하며 마치 행동한 것 같은 착각을 불러일으키기 때문이다.

사실 나는 자기계발서를 좋아하지 않는데, 이는 자기계발서를 읽는 것만으로 성공했다는 느낌이 들어 다른 사람에게 이렇게 해야 성공한다는 말을 서슴없이 하게 되기 쉽기 때문이다. 그러나 그런 말을 하고 있는 본인은 아무것도 하지 않는다는 것을 알게 되면 매우 초라해지게 된다. 몰라서 못하는 것이 아니라 알아도 실행은 쉽지 않기 때문에 못하는 것이다. 뭐든 말보다는 행동이 훨씬 설득력이 있다는 것을 알면서도 쉽지 않다.

다시 서두의 질문으로 돌아가 보자. 10년간 위기에 대한 인식과 대비를 잘했다면 우리는 얼마 전까지 열풍이었던 갭 투자에 대해서 반문할 필요가 있다. 이게 금융위기를 다시 반복하지 않기 위해서 어떤 효과가 있는지 설득력 있는 항변이 있어야 한다.

그러나 갭 투자는 10년 전 위기를 겪고서도 똑같이 탐욕적인 인간의 본성을 표출하기 위한 하나의 투자 방식으로 이용된 것이다. 즉, 위기의 역사를 또 망각이라는 질병으로 반복하는 매우 중요한 사건이 될 것이라 확신한다. 그러니 지금 갭 투자자들은 전멸하다시피 하고 있고, 이제는 언론에서 그렇게 혁명적이라 극찬했던 갭투자를 우려의 눈으로 바라보게 된다.

더 큰 문제는 갭투자자의 집에 전세를 주고 사는 거주자는 피눈물을 흘려야 할 판이다. 갭투자자들이 끝까지 버티면서 집을 떠안아야 하는 상황이 왔기 때문이다. 그래서 올해 뉴스에서는 갭투자에 대한 위험성을 경고하고, 실제로 세입자들이 피해를 본 사례들이 속속 나오고 있다.

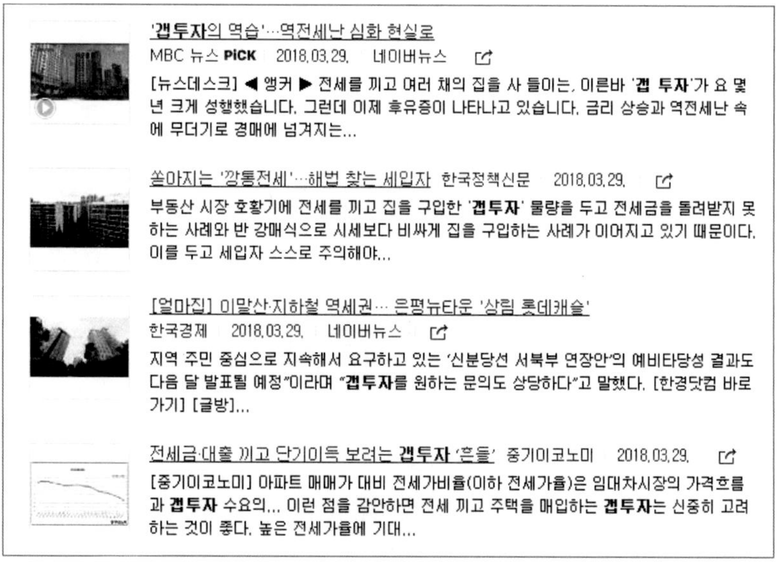

'**갭투자**의 역습'…역전세난 심화 현실로
MBC 뉴스 PiCK 2018.03.29. 네이버뉴스
[뉴스데스크] ◀ 앵커 ▶ 전세를 끼고 여러 채의 집을 사 들이는, 이른바 '**갭 투자**'가 요 몇 년 크게 성행했습니다. 그런데 이제 후유증이 나타나고 있습니다. 금리 상승과 역전세난 속에 무더기로 경매에 넘겨지는...

쏟아지는 '깡통전세'…해법 찾는 세입자 한국정책신문 2018.03.29.
부동산 시장 호황기에 전세를 끼고 집을 구입한 '**갭투자**' 물량을 두고 전세금을 돌려받지 못하는 사례와 반 강매식으로 시세보다 비싸게 집을 구입하는 사례가 이어지고 있기 때문이다. 이를 두고 세입자 스스로 주의해야...

[얼마집] 이말산·지하철 역세권… 은평뉴타운 '상림 롯데캐슬'
한국경제 2018.03.29. 네이버뉴스
지역 주민 중심으로 지속해서 요구하고 있는 '신분당선 서북부 연장안'의 예비타당성 결과도 다음 달 발표될 예정"이라며 "**갭투자**를 원하는 문의도 상당하다"고 말했다. [한경닷컴 바로가기] [글방]...

전세금·대출 끼고 단기이득 보려는 **갭투자** '흔들' 중기이코노미 2018.03.29.
[중기이코노미] 아파트 매매가 대비 전세가비율(이하 전세가율)은 임대차시장의 가격흐름과 **갭투자** 수요의... 이런 점을 감안하면 전세 끼고 주택을 매입하는 **갭투자**는 신중히 고려하는 것이 좋다. 높은 전세가율에 기대...

왜 이렇게 갭투자에 열광했는지를 분석하고 싶었다. 그리고 갭투자로 집을 100채, 200채 샀던 사람이 왜 TV에서 영웅으로 나오고 성공한 사람으로 나오는지 이해하지 못했다. 영화 〈빅 쇼트〉를 해설하는 강의를 한 적이 있는데, 그때마다 '우리나라 부동산 상품 중에는 파생상품이 없냐'고 묻는 사람들이 많았다. 그럴 때 마다 두 가지 파생상품이 있다고 했다. 다만 〈빅 쇼트〉처럼 주택가격이 하락하는데 투자하는 것은 없고, 상승하는데 레버리지를 왕창 키울 수 있는 파생상품과 같은 것은 있다고 했다. 그중 하나가 아파트 청약 프리미엄 거래이고, 또 한 가지는 갭 투자이다.

이명박과 박근혜 정부시절, 우리나라는 파생상품 규제를 하기 전까지 파생상품 거래 규모가 전 세계 1위였다. 그만큼 파생상품은 다이내믹 코리아와 어울린다. 부동산에서도 위의 두 가지 투자방식은 파생상품 레버리지와 비교해도 손색이 없을 만큼 투기성이 강한 상품이다.

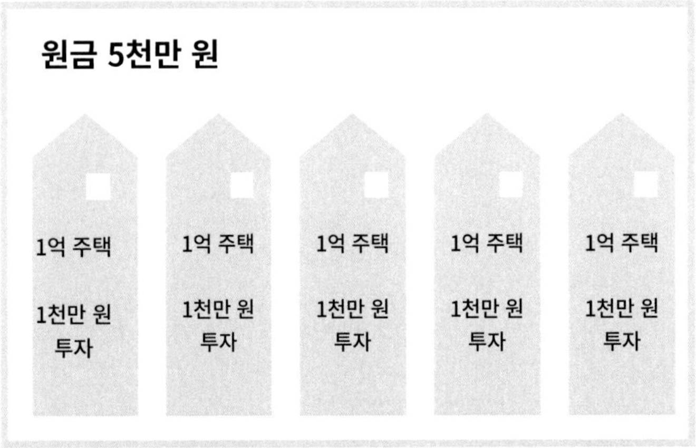


원금 5천만 원으로 1억짜리 주택 5채에 투자했다. 각 주택의 9천만 원은 전세금과 주택담보대출로 충당하여 매입했다고 가정하자. 이렇게 되면 각 주택이 10% 상승했다고 가정해서 수익률을 계산해보면 1억×10%×5채 =5천만 원이 된다. 원금 5천만 원 대비 100% 수익이 되는 것이다. 이렇게 10%만 높아져도 두 배의 수익을 준다. 이렇게 수익을 얻고 다시 5채를 더 샀다고 가정하자. 그러면 10% 상승할 때마다 1억이 수익이 된다. 이렇게 계속해서 집을 매입하다보면 100채가 된다. 이때는 10% 상승으로 5억의 수익을 얻게 되고 원금 5천만 원 대비 1000%의 수익을 내게 되는 것이다.

그러나 반대로 10% 하락하면 내 돈 5천만 원 대비 5억의 빚을 지게 된다. 결국 금리인상으로 인한 시장의 대출금리가 상승하게 되면 주택가격이 하락하게 되는데, 이때 가장 레버리지를 많이 키운 갭투자자들은 약간의 하락으로 파산하게 된다. 그러나 전세를 끼고 매입했기 때문에 갭투자자는 원금을 잃더라도 '나몰라'라 하면 그 피해는 고스란히 세입자에게 넘어가게 된다.

전세 제도의 기원을 보면 고려시대까지 거슬러 올라가야 한다. 하지만 현실적으로 와 닿는 것은 한국의 경제성장기에 은행의 대출은 아무나 해주는 것이 아니었던 70~80년대에 목돈을 조달하기 위해서 활용하던 것이 지금의 전세제도의 기원이라 해도 과언은 아니다. 전세를 통해서 자금을 조달하면 사채나 금융권의 높은 이자율에 비해 무이자로 돈을 빌릴 수 있었기 때문에 자금조달이 용이하고 이자부담은 대폭 줄이는 수단이었다. 결국 그 시절부터 주택의 투기는 전세제도를 지렛대 삼아 이루어진 것이다.

제도권 금융의 한계를 이렇게 보완하면서 집은 더 많이 팔리게 되고, 그로인해 부동산 불패 신화가 만들어졌다. 다른 많은 이유로 부동산이 올랐지만 자금조달에서 가장 효율적인 방법인 전세는 혁혁한 공을 세운 게 분명하다. 그런데 전세제도의 활용은 갭투자자에게 무한대(?)에 가까운 레버리지를 끌어올 수 있게 해주는 전략인 셈이다.

그래서 사실 5천만 원으로 집을 여러 채 살 수 있다며 종편에서 또 증권방송에서 부동산 전문가들이 나선 것이다. 사실 이런 갭투자가 쉬웠던 이유는 9년 동안 두 개의 정부가 부동산 부양책을 편 이유도 한 몫 하고 있다. 정부가 부동산 과열을 조장한 것이다. 초이노믹스는 정말 노골적으로 대출을 완화하였고 한국 가계부채가 최초로 상당한 위기를 맞을 수 있도록 여건을 마련해준 경제 수장이다.

최경환 경제부총리에 대한 인상 깊었던 장면이 있다. 2015년 홍종학 의원이 국정감사에서 최경환 경제부총리 질의 때 '은행 대출을 완화하여 부동산 거품이 일어난 데 대한 지적을 하자 최경환은 부동산 거품에 대해 완전히 모르쇠로 일관하며 부동산을 매입한 국민 각자의 책임이지 본인은 책임이 없다'며 떠넘기는 뉘앙스의 발언으로 일관하였다. 나는 그때 부동산 시장이 끝에 왔다는 것을 알게 되었다. 경제부총리도 모르쇠로 일관하며 책임 회피 상황까지 될 정도로 가계부채는 심각했던 것이다.

그러나 2016년도와 2017년에도 갭 투자는 성행하였다. 미국이 금리를 인상함에도 불구하고 달러를 약세로 유지하는 정책을 폈기 때문에 신흥국 통화가 달러대비 강세를 보였다. 이때 한국은 금리를 인상하지 않아도 되는 여건이 마련되었기 때문에 은행 문턱은 여전히 낮은 상태로 고객을 받고 있었다.

이런 상황에서 갭 투자 전문가들은 마치 부동산 투자에서 신(新)투자 기법인 냥 열정적으로 설명하게 되고, 이들은 투기꾼이 아닌 존경받는 사람이 되어 있었다. 이런 조건 하에서 일반 개미들도 따라하게 되었고, 주택담보 대출의 부실을 더욱 심해졌다. 이것은 2008년 금융위기 전 가정부가 5채의 집을 보유하고, 스트리퍼가 콘도와 전원주택을 여러 채 보유하고 있었던 미국과 전혀 다르지 않은 상황이다.

## 갭투자 전염병이 전세 세입자들을 위험에 빠뜨렸다

갭 투자자만 망하면 다행이지만 여기에 전세를 살고 있는 사람도 덩달아 피해를 보게 된다. 부동산 하락 시 전세금을 돌려 줄 갭 투자자는 파산하고 없기 때문이다. 전세 세입자가 전세보증보험이 없는 한 집을 떠맡거나 경매를 기다려 돌려받는 방법밖에 없다. 결국 갭 투자의 영향으로 깡통전세는 급증하게 될 것이다. 건전한 투자가 아니라 투기는 모두 거품이기 때문에 이 거품이 빠질 때까지는 가격 하락이 진행된다. 그렇게 되면 집값의 90%에 전세를 사는 세입자는 난감해지게 된다. 깡통전세와 전세대란은 2014년 이후 꾸준히 나왔고, 90% 내외의 전세가 상당히 많아서 전세보증보험 상품이 나왔고, 전세보증보험 가입률은 꾸준히 상승 추세에 있다.

높아지는 '**깡통전세**' 피해위험 금강일보 | 2018.05.13.

낙찰가가 전세보증금보다 낮은 **깡통전세** 피해 위험이 높아지고 있다. 대전의 지난달 경매 물건 중 관련 피해가 발생할 뻔 하기도 했다. 13일 지지옥션에 따르면 지난달 대전 경매가 진행된 주거시설은 77건으로 낙찰가는...

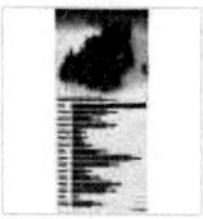

[하반기 입주대란 현실로] 수도권 새 아파트 **전세**가 9000만원.. 미분양·대출...

파이낸셜뉴스 | 3면 TOP | 2018.05.13. | 네이버뉴스

'**깡통 전세**' 우려가 심화되면서 그보다 높은 전세가로는 시장에 내놓기도 힘든 형편이다. 경기 시흥시 배곧신도시의 전세가도 연일 하락세다. 지난해까지만 해도 분양권에 수천만원의 프리미엄이 형성됐던 B아파트는...

'**깡통전세** 대란'에 보증금 대신주는 보험가입 이어져…전년比 128%↑

인사이트 | 2018.05.13.

[인사이트] 윤혜경 기자 = '**깡통전세**', '역전세난' 등 전세 물량이 늘어나면서 전세가 귀하다는 말도 어느새 옛말이 되는 추세다. 이에 따라 갭투자(전세를 끼고 매입하는 투자방식)를 한 집주인의 경우 전셋값 하락과...

**'깡통** 전셋집' 사는 해외동포, 경매 때 보증금 돌려받나?

중앙일보 | 2018.05.13. | 네이버뉴스

근저당권이 우선된다면 사는 아파트는 소위 말하는 '**깡통전세**'인 셈입니다. 저는 더는 이 아파트에서 살기 싫고 경매에서 보증금을 받고 싶은데요. 제가 보증금 전액을 반환받을 수 있을까요. — 전셋집, 전입신고하고...

현재 서울의 전세가격은 집값의 78% 수준이라고 한다. 갭 투자를 부채비율로 보지 않는 선한 전세 세입자가 있었으니 가능한 것이다. 초보 부동산 개미 투자자들 입장에서는 처음 보는 갭 투자는 상당히 신선한 전략이었을 것이다. 그러나 이는 상승만 고려한 투기에 불구하다. 투자라면 하락 시에도 대비를 했어야 한다. 대부분 이런 갭 투자를 하는 사람들은 부동산 가격이 두 배 세 배 될 것이라 하지만 하락은 10~20%만 얘기해도 '설마 그렇게 크게 하락하겠어?'라고 물어오는 경우를 종종 보게 된다.

더 큰 문제는 이런 갭 투자자들 보유 물건에 대한 포기로 경매 물건 증가는 결국 무리해서 집한 채 마련한 사람들에게도 가격하락의 속도를 빠르게 한다는 것이다. 매도 물량의 대량 출회가 다른 부동산 투자자들에도 영향을 끼치기 때문이다. 이건 연쇄부도의 증가로 이어진다고 볼 수 있다.

그래서 나는 고객 상담 시 현재 주택가에 몇 %가 전세가인지 꼭 확인하라고 당부한다. 그리고 집값의 70%가 넘는 전세는 피해야 하며, 주택가격 대비 부채비율도 꼭 보고 전세가와 비교해 보라고 조언한다. 이제 이런 확인이 매우 중요해 지는 시기가 다가오고 있다.

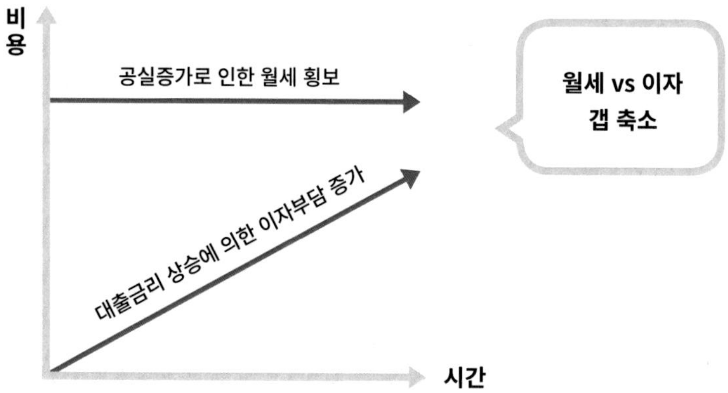


이렇게 금리인상기에는 보증금을 집값의 50% 정도로 맞추고 월세를 내라고 권유한다. 그러면 매우 비합리적인 선택이라 비판하는 사람이 있지만 오히려 금리 인상기이기 때문에 전세대출금리 상승으로 인한 이자 부담이 증가할 것이다. 그러나 공실이 많은 상황에서의 월세는 상승보다는 횡보 또는 하락도 가능하다. 결국 위의 그림처럼 앞으로 시간이 갈수록 갭(Gap)은 축소되고 부동산 하락 시 전세 세입자는 집을 보유하고 있지 않음에도 불구하고 불안해질 수 있다. 반대로 월세자는 보증금을 낮췄기 때문에 오히려 마음이 편해지는 것이다.

월세를 내는 게 손해라고 하는 고정관념은 앞으로 깨질 수밖에 없다. 그래서 현재 시점에 전세 만기가 돌아온다면 한번 고민할 필요가 있다. 이자 부담을 높이면서 보증금에 대한 불안까지 높일지 아니면 보험료를 낸다고 생각하고 월세를 좀 더 낼지를 말이다. 물론 전세보증보험을 가입하는 게 가장 깔끔하지만 이런 방법도 있다는 것을 고려해보라는 것이다. 또한, 큰 곳으로 이사하면서 보증금을 대출 받아야 한다면 극구 말리고 싶다.

주택담보 대출금리가 5%에 도달하는데 2년이 걸리지 않을 것으로 전망하기 때문에 2년만 참고 그때 가서 전세보증금 대출을 해서 제대로 된 집을 이사하더라도 늦지 않기 때문이다. 특히 신혼부부는 전세보증금을 받아서 시작하고 싶다면 금리인하기에 고려하고 금리인상기에는 절대 하지 않길 권한다. 갭 투자 부동산뿐만 아니라 주택담보 대출이 높은 주택은 위험할뿐더러 내야하는 전세대출 이자도 꽤 부담이기 때문이다.

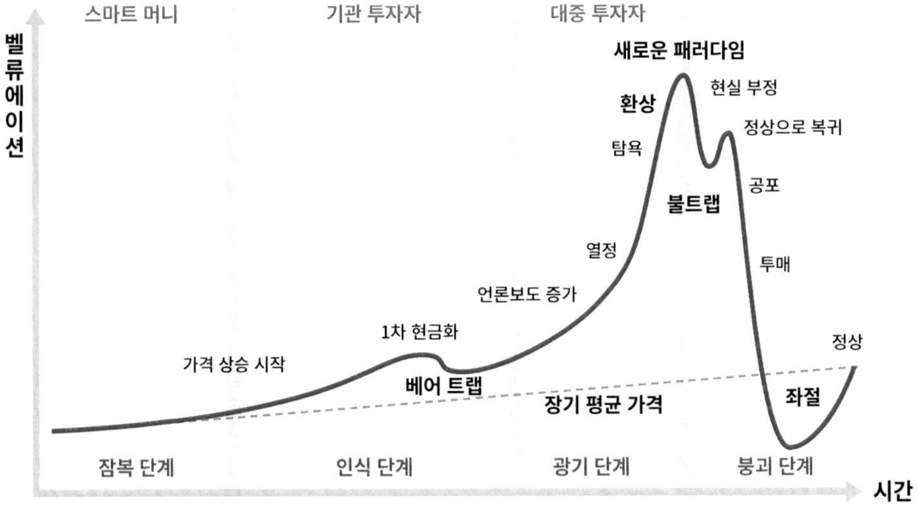


장 폴 로드리그 교수의 '버블 형성과 붕괴 4단계'에서 제 3단계인 광기 단계에서 나타나는 현상을 보면 어떤 투자자산에 대해서 언론보도가 증가하면서 이슈가 되고, 열정적인 대중투자자들이 생겨난다. 그리고 이 자산으로 돈을 벌었다는 뉴스나 입소문이 나게 되면 너나 할 것 없이 달려들면서 가파른 산 모양으로 탐욕적인 형태의 차트를 만드는 것이다.

통상 광기 단계에서 탐욕이 일어날 때 처음 들어간 투자자들이 많은데 그들은 처음 투자로 성공을 맛보면서 자신감이 생기게 된다. 그리고 이 자산이 엄청난 투자가치가 있다는 믿음(환상)을 가지게 되고, 결국 세상을 바꿀만한(새로운 패러다임) 투자자산이라 여긴다. 그리고 마지막 단계인 붕괴단계에 돌입하게 된다.

이 때 하락하면서 생기는 첫 번째 심리는 현실 부정이다. 그리고 다시 조정 후 상승할 것이라는 기대감에 저가매수가 들어오면서 (불 트랩) 상승시켜보지만 전 고점까지는 역부족이 나타난다. 이때 상당한 공포심을 느낀 투자자들이 투매가 나오고 결국 거품이 꺼지면서 폭락하며 좌절의 단계에서 마무리된다고 했다. 그런 의미에서 갭 투자는 언론의 극찬으로 시작하여 대중투자자들이 너나 할 것 없이 뛰어든 이 투자 방식은 3단계의 끝에서 4단계를 넘어서고 있다고 진단할 수 있다. 이미 투자에서 투기 단계로 넘어 간지는 오래되었다. 정리해야 하는데 금리가 그렇게 호락호락하게 정리할 기회를 주지 않는다는 것을 빨리 알아차려야 한다.

당장 갭 투자의 위험에서 탈출하라! 구명보트에는 자리가 얼마 남지 않았다. 전세 세입자들은 한 번 더 점검해보고 전세보증보험이라도 들어들어야 하지 않을까? 투기자는 따로 있는데 건전한 전세 세입자가 오롯이 피해를 입지 않을지 우려된다.

# 제5장
# 재테크에 대한 고정관념은 실패만 부른다

61

**새는 알을 깨고 나온다. 알은 하나의 세계다.**

**새로 태어나려는 자는 하나의 세계를 파괴해야 한다.**

**- 헤르만 헤세 〈데미안〉중에서 -**

우연히 유튜브에서 세계 배낭여행 영상들을 찾아보다가 '시골백수'라는 유튜버의 영상을 보게 되었다. 965일 동안 세계 일주를 하면서 노숙부터 아르바이트까지 하며 힘겹게 여행을 하는 모습이 인상적이었다. 이런 시골백수의 영상 중 가장 와 닿는 영상이 있었다. 스페인 순례 길을 걸으며 찍은 영상이었는데 마지막에 한 이야기가 명언이었다.

'나는 이유라는 감옥에 갇혀 있었다. 묻고 싶다. 당신도 어떤 거창한 이유라는 감옥에 갇혀 있지는 않은지 말이다.'

나 또한 '내가 알고 있는 지식이 확실하다'는 고정관념에 늘 사로잡혀 있었다. 그리고 그 논리가 맞다는 생각에 갇혀서 다른 세상을 그 틀로서 바라보려 하고 있었다. 지식이라는 것은 과거의 것이다. 그렇기 때문에 현재와 미래에도 동일하게 적용될 것이라고 판단하는 것은 고정관념이자 아집이다. 다만 그 과거의 지식에서 배움으로서 현재의 상황에 맞출 수 있다면 그것이 지혜가 아닐까 한다.

예를 들면 이런 질문이다. '증시와 채권가격은 반대로 움직이지 않나요?'라는 과거 오래도록 종교처럼 나오는 얘기들을 지금도 믿는 이들이 많다. 재테크 책에서는 이렇게 나온다. '주식에 투자하다가 위험해지면 안전자산인 채권으로 자금이 옮겨가기 때문에 주식시장이 하락하면 채권시장의 가격이 상승한다'고 말이다. 반대로 주식시장이 상승하면 채권시장에서 돈을 빼서 주식시장에서 수익을 내고 싶어 하기 때문에 채권가격은 하락한다는 것이다.



**주식**↑ = **채권**↓

이 공식이 마치 바이블처럼 인식되어왔던 것이다. 그러나 이 주장은 반은 맞고 반은 틀렸다. 이를 증명하는 방법은 간단하다. 역사적 흐름을 보면 된다. 장기 추세로 놓고 보면 주식가격과 채권가격은 장기적으로 같은 방향을 향해 있다. 아래의 차트를 보면 미국 다우지수와 미국채 10년물 선물 가격을 비교한 것이다.

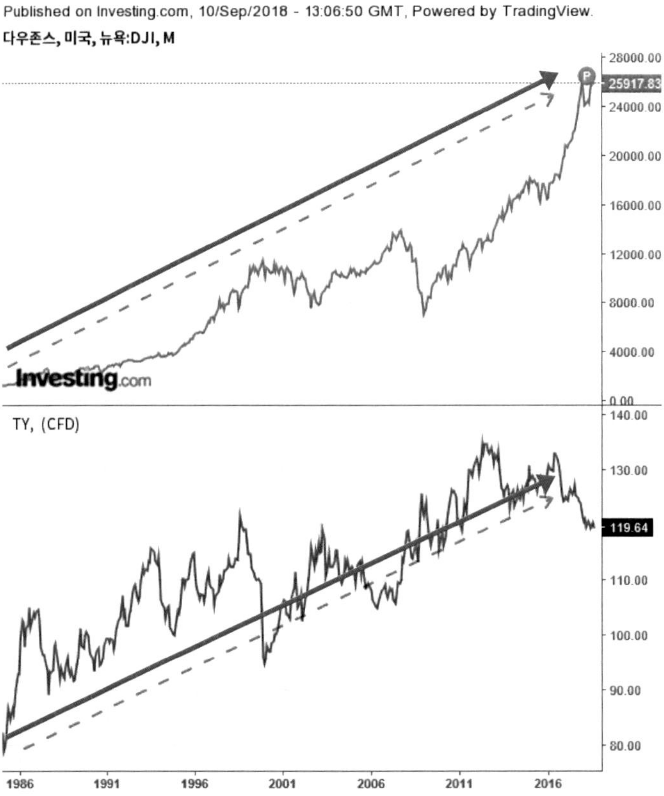

화살표를 보면 둘 다 우상향하는 것을 볼 수 있다. 그러므로 이런 잘못된 상식으로 접근하면 크게 손해를 볼 수 있다.

그래서 "주가가 상승하면 채권가격이 하락한다"는 공식이 맞는 상황은 단기적인 상황에서다. 1년 내외의 기간에서는 반대로 움직이는 경향이 있기 때문이다.

위의 차트를 보면 2016년 7월 채권가격의 고점을 찍고 하락하는 반면(차트의 아랫부분) 다우지수(차트의 윗부분)는 더욱 힘차게 올라가는 상황이 되고 있다. 여러 이유가 있겠지만 미국 연방 준비 위원회에서 금리인상을 시작한 시기이기 때

문이다. 쉽게 설명하면 다음과 같다. 

기준금리인상 → 시장금리 상승 → 시장금리의 대표 격인 국채금리 상승(국채금리가 상승했다는 말은 가격이 하락했다는 의미)이다. 그러므로 증시가 오름에도 채권가격은 하락하는 것이다. 물론 채권과 증시와의 관계는 현재 재테크 초보자라면 쉽게 이해가지 않을 것으로 보인다. 그러나 '함부로 재테크 상식이라고, 단정 짓지 말아야겠군!'이라는 교훈은 얻었을 것이다. 고정관념처럼 굳어지면 당하는 일이 많아진다는 것을 알게 된다.

필자는 현장에서 많은 투자를 하며 실전과 이론을 같이 공부하게 되었다. 그렇다고 하여 투자를 안다고 하는 것이 아니다. 항상 시장에서는 겸손해질 수밖에 없는 변수가 많기 때문이다. 투자를 오래하다 보면 인문학의 세계에 빠지게 된다. 이유는 스트레스가 너무 심할 때는 좋은 지인이나 멘토라는 사람들의 조언이 전혀 도움이 되지 않기 때문이다.

사실 그들이 하는 조언이라는 게 맞으면 '봐라 내말이 맞지!'하며 핀잔을 주고, 반대로 틀리면 '아니면 말고…'하는 식이 대부분이기 때문이다. 나는 투자를 공부하고 실제로 하면서 멘토에 대한 개념을 잊기로 했다. 그 대신 인문학 책 한 구절 한 구절을 읽고 또 읽어가며 생각을 정리하는 것이 습관이 되었다. 특히 노장(老莊) 사상을 좋아하는데 투자하면서 실수한 것들을 복기할 때 잘못된 고정관념을 깨는 데 좋은 문구가 많기 때문이다.

2011년 겨울 즈음, 선릉의 한 증권사에서 근무하던 당시 영업도 잘 안 되고, 수익률도 하락하여 답답한 마음에 강남 교보문고까지 걸어간 적이 있다. 정말 긴 거리였지만 머릿속에 생각이 꽉 차 있어서 어떻게 걸었는지도 기억이 나지 않는다. 눈은 비와 적절히 섞이며 내려서 얼음이 내리는 것 같았고, 테헤란로의 바람은 시베리아 벌판 같았다. 복잡한 마음과 해결책이 없어 보이는 문제에 대한 허탈한 감정으로 서점에 갔다가 노자의 《도덕경》을 읽게 된 것이다. 맨 첫 장에 첫 문장이 '도가도 비상도(道可道非常道)'였다.

'도가도비상도!'

즉, 말로 형상화된 도는 원래 의미를 상실한 도라는 의미였다. 다시 말해 도는 그 의미를 그대로 간직하기 위해서는 말로 표현되기 이전의 상태를 고수해야 한다는 것이다. 이 한 문장을 보고 3만 원이 넘는 그 책을 사버렸다. 찬바람을 맞으며 책을 들고 걷는데, 마치 '솔의 눈' 음료를 100개는 마신 것처럼 상쾌한 기분이 들기까지 했다.

나는 왜 이렇게 첫 문장에 감탄했을까? 그전까지는 주식투자로 성공한 슈퍼개미나 애널리스트들의 책을 열심히 공부하며 주식시장을 규격화하려 했으며 개념화하려 했다. 그리고 나름의 법칙으로 시장에 적용하였다. 지금 생각하면 당연히 대참패할 수밖에 없다.

'도가도 비상도(道可道非常道)'

이 문장을 어려워하는 사람들도 있고, 《도덕경》을 풀어 쓴 작가마다 해석이 다르기도 하다. 그러나 나는 내 상황에 비춰 해석했기 때문에 한 번에 이해했다. 아니 '이해'라는 표현보다는 이 문장이 뒤통수를 세게 때리는 듯 뇌리에 박혔다.

왜 도(道)를 개념화하거나 도식화 또는 법칙을 찾아내어 언어로 표현하면 틀린 게 될까? 그 표현할 수 없는 어떤 범위는 언어로 한정된 개념밖에 있게 되므로 일부 언어로 표현할 수 있는 도의 범위가 전체적인 도의 개념이 되어버린다. 진정 언어의 너머에 있는 도는 도가 아닌 게 되었기 때문에 실제 도와는 다른 게 되어 버리는 결론이 나버리는 것이다.

앞에서 언급한 지식과 지혜의 차이는 여기서 나타난다. 나의 경험에 의존하여 하나의 개념이나 법칙에 모든 것을 담으려고 한다면 그건 과거의 사건으로 인한 나의 경험에 의존하게 되는 것이다. 하지만 경험하지 못한 것은 담지 못한다. 그리고는 그 개념과 법칙에 의존하여 실제 일어나는 일들을 끼워맞추기식으로 행동한다. 내가 만든 이론의 틀에 실제로 일어나는 현상을 억지로 집어넣으려다보니 매번 틀리게 되는 것이다.

그러므로 지혜는 쉽게 규정하거나 개념화되지 않는다. 현재도 일어나고 있고, 앞으로도 일어날 일이 과거 나의 경험에 한정되어서 일어나라는 법은 없기 때문이다. 사람이 경험하면서 큰다는 말이 있듯이, 매번 같은 경험을 하더라도 수용할 수 있는 능력의 한계가 달라지기 때문에 매번 느끼는 게 달라질 수밖에 없다. 그래서 겸손해지고 확신을 좀처럼 하기 힘들어진다.

노자는 그래서 이를 첫 문장에 놓은 것이 아닐까 싶다. 도를 도라고 확신하지마라! 그러는 순간 도가 아닌 게 된다. 왜냐하면 도는 당신이 알고 있는 것 보다 훨씬 범위가 넓기 때문이다. 결국 우리도 경계를 허물고 흘러가는 데로 시장을 봐야한다. 그래서 경제신문이나 증권사 리포트만 보고, 이게 사실(팩트)이라고 믿고 전제조건이라는 불럭을 만들어 끼워 맞추듯이 투자하면 안 된다. 이러한 기사와 리포트가 보지 못한 부분은 없는지에 대해 사고를 열어놓고 알아봐야 한다.

2018년 이후 필자에게 쪽지나 블로그로 문의가 늘고 있는데 그중 일반 직장인들도 있지만 특이하게 부동산업을 하시는 분들도 꽤 많아졌다. 사실 상권 분석과 정책적 수혜지역을 찾는 것으로 부동산의 매력을 살피던 전문가들이 심상치 않은 글로벌 시장에 관심을 두기 시작했다. 이유는 간단하다. 언론에서 부동산이 좋다고 떠들기는 하나 실제로는 매우 어렵기 때문이다. 강남불패도 이제는 서서히 저무는 시장에서 불안감은 극대화 되는데 20~30년간 부동산업을 영위하며 IMF와 2008년 금융위기도 문제없이 일해 오던 분들이 이런 상황은 처음 겪는 일이라 당황한 것이다.

결국 경제의 한 부분인 부동산도 글로벌 위기에 타격을 받을 수 있다는 것을 피부로 체감하고 있고, 그렇기 때문에 금리와 환율 그리고 글로벌 경제이슈 등을 분석하고 있는 것이다. 미국의 금리인상이 역사상 최고조에 있는 한국의 가계부채에 심각한 타격을 줄 것이라는 건 이제 초등학생들도 뉴스에서 너무 많이 봐서 알 수 있는 이슈이기 때문이다.

이렇게 우리나라 아파트에 투자하는데도 미국의 금리인상부터 환율까지 그리고 유럽 및 중동과 아시아에서 어떤 일이 일어나는지 까지 알아야 하는 상황이 된 것이다. 그 이유는 간단하다. 자산시장은 모두 연결되어 있기 때문이다. 딱히 손에 잡히지 않을 수 있다. 그러나 미국의 달러가 풀리며

전 세계 시장으로 자본이 이동하고 이로 인해 풍족해진 나라의 자금이 풍성해지면서 부동산이고, 주식이고, 채권이고, 어떤 자산이든 쉽게 살 수 있으며 그 반대로 달러가 회수되기 시작하면 어떤 자산도 가격이 오르기 힘들어지기 때문이다. 그래서 어느 한 분야만 알면 사실 아는 것이 아닌 게 된다. 거미줄처럼 얽히고 설켜서 한쪽의 영향이 다른 편 여러 곳에서 반응하는 시장의 흐름을 감지하는 방법을 알아야 한다. 경제는 물론 정치, 사회, 문화 등의 복합적인 이슈를 분석하여 투자처를 알아내는 것이 중요한 상황이 된 것이다. 매우 복잡하지만 이를 잘 표현한 책이 있다. 바로 이화여대 최재천 교수님의 《통섭(consilience 統攝)》이다.

통섭은 한자로 큰 줄기 '통'자에 잡다 '섭'자로 '서로 다른 것을 한데 묶어 새로운 것을 잡는다.'는 의미이다. 인문학과 IT기술의 융합이나 인문 사회과학과 자연과학을 통합해 각각의 경계를 허물며 시너지 효과를 극대화한다는 것이다.

결국 재테크도 이처럼 경제나 금융상품의 영역에 갇혀 있으면 안 된다. 사실 정치, 사회문제를 파악하는 게 경제와 금융투자에 상당한 영향을 끼칠 때가 많다. 그래서 전혀 다른 것들에 대한 관심을 갖고, 고정관념을 허무는 노력이 필요하다. 어떤 자산에 투자하던 말이다.

가끔 유튜브 방송을 하게 되면 댓글에 자신의 정치적 성향에 맞는 시장 흐름에 대해 길게 쓰는 사람들이 있다. 시장의 흐름은 그런 이념적이고 정치적 신념의 논리로 움직이지 않는다. 시장은 다분히 이익적인 관점에서 움직이며 정치는 그러한 시장의 이익의 방향을 알려주는 힌트처럼 봐야한다.

예를 들어, 트럼프가 이란을 압박하는 발언을 트위터로 날렸다면 이는 유가의 상승을 봐야하는 것과 같다. 유가 상승에 투자하면 돈을 버는 것이다. 특히 이란을 더 강하게 압박할수록 수익률은 상승한다.

사실 2008년 금융위기 이후 정치의 방향을 모르고 투자하는 것은 완전히 반대방향으로 투자하는 것이 될 수 있다.

증시에 있어 2018년 하반기 중 가장 큰 이슈는 '미국의 중간 선거'이다. 한 가지 사례를 일부 들어 이해를 돕고자 한다. 당장 '미국 증시와 글로벌 증시에 가장 중요한 하반기 이슈가 무엇인가?' 한다면 단연 2018년 11월에 치러질 트럼프의 중간 선거라 할 수 있다. '왜 중간선거라는 정치적 이슈가 미국과 글로벌 증시에 영향을 끼치는가?'에 대한 궁금증이 있을 것이다. 미국의 선거로 공화당과 민주당 중 누가 과반의석을 차지하는지가 도대체 왜 증시랑 연관이 있다는 것인가? 특히 미국도 아닌 글로벌 증시에 말이다.

만약 트럼프와 공화당이 접전 끝에 과반의석을 차지하지 못한다면 지금까지 해온 감세정책과 다양한 기업들의 혜택으로 인한 주가 상승분은 반납해야 할지 모른다. 이유는 간단하다. 앞으로도 이러한 정책을 계속 해 나갈 트럼프 입장에서 정책이 번번이 의회에서 막히면 기업들의 법인세 인하로 인한 이익은 사라질 수 있다는 불안감 때문이다. 여기다 미국의 정치1번지로 통하는 공화당 텃밭에서 문제가 생기고 있다. 바로 아이오아 주인데 선거에서 상당한 영향력을 끼치는 이 주의 산업 대부분은 농업이다.

그런데 중국과의 무역전쟁으로 대두 가격 폭락 문제는 아이오아 주 가계의 소득을 감소시키는 역할을 할 것이고, 이는 공화당 중간선거에서 악영향을 끼칠 수 있다. 그러므로 아이오아 주에 트럼프는 많은 당근책을 써가며 중국과 무역전쟁을 이어나갔다. 대표적인 당근책이 정부가 대두를 수매해주는 것이다. 그러나 중국이 수매하는 양에 비해 한계가 있고, 일회성이라 중국이라는 가장 큰 시장을 잃는다면 아이오아 주는 경제적 타격이 매우 크기 때문이다. 이런 공화당 텃밭이라는 지역에서 민주당과 접전을 펼치는 지역이 증가하고 있다는 게 트럼프와 공화당에게는 불안요소가 되고 있다. 또한, 당선부터 논란이 되었던 뮬러 특검의 트럼프-러시아 커넥션 수사진행 사항은 트럼프를 탄핵으로 몰수도 있다는 불안감까지 더해지고 있다.

그럼 우리나라는 민주당이 과반의석을 차지했을 때 어떤 것을 예상할 수 있을까? 동북아 평화의 길을 열면서 대북 정책에 대한 변화가 있을 것이다. 이는 한반도에 평화가 아닌 안보리스크에 초점을 맞출 가능성이 높다. 이는 한국 증시 하락까지도 영향을 끼칠 수 있다는 결론이 나온다. 트럼프가 하는 일 중에 가장 잘하고 있다고 평가되는 것이 북한의 평화체제에 대한 노력이었는데 미국의 민주당과 주류 기득권들은 자기들이 못했던(?) 또는 하지 않았던(경제적 군사적 이익 때문에?) 북한의 개방 및 개혁에 대해서 트럼프가 너무 빠르게 진행해나가고 있기 때문에 중간선거에서 트럼프가 패할 경우 대북정책을 지연 또는 후퇴하게 할 가능성이 높다. 물론 이 부분에서는 중국과 러시아도 북한에 대한 지분을 챙기기 위해 순조로운 종전선언과 동북아 평화체제 및 경제 정책을 방해하는 측면도 있다. 만약 트럼프의 중간선거 패배는 매우 매력적인 북한 투자에 대한 청사진은 그림의 떡이 될 수 있기 때문이다.

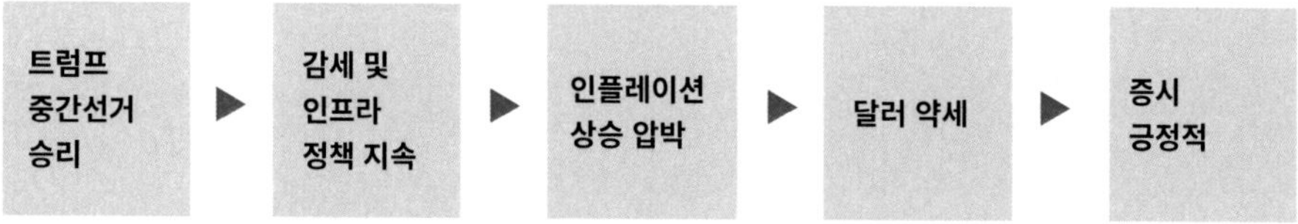


또한, 중간선거에서 미국 민주당이 승리한다면 달러의 강세와 디플레이션의 압박이 같이 올 수 있다.

트럼프의 재정적자 정책에 대한 비판과 함께 '퍼주기'하다가 정부가 망한다는 프레임으로 공격할 것이기 때문이다. 사실 트럼프가 지금 중간선거에 목숨을 거는 이유인 것이다. 그러나 올해 핵심 이슈지역이었던 3월 펜실베이니아 주 18선거구와 8월에 치러진 오아이오 주 14선거구 하원의원 보궐선거는 트럼프에게는 꽤 긴장할만한 결과를 가져왔다.

먼저 펜실베이니아 주 18선거구는 공화당 텃밭으로 트럼프는 후보시절 20%의 차로 승리한 지역이기도 하다. 그래서 트럼프는 상당한 자신감이 있었던 지역이었다. 공화당 후보릭 사콘 후보 이길 것이라 생각한 트럼프가 지지연설까지 자청하며 노력을 했음에도 불구하고, 민주당 새파란 신출내기 코너렘 후보에게 초박빙의 승부 끝에 지게 된다. 8월에 치러진 오하이오 주 하원의원 보궐 선거는 트럼프의 전폭적 지지를 받은 트로이 밸더슨 공화당 후보가 50.2%를 확보했고, 민주당 대니 오코노 후보가 49.3%를 차지하면서 0.9% 차이로 겨우 이기는 상황이 벌어진 것이다. 매우 근소한 차이로 겨우 이겼다는 게 펜실베이니아 주 보다 더 충격이라는 해석도 나오고 있다.

그 이유는 오하이오 주는 대표적인 러스트벨트 지역으로 트럼프 지지층이 상당히 많은 지역이면서 원래부터 공화당 텃밭 중에 텃밭인 셈이다. 우리나라로 따지면 어느 한 당의 공천만 받으면 개도 당선된다는 지역과 다름없다. 공화당은 이를 두고 상당한 설전을 한 것으로 나왔다. 그리고 이러한 두 개의 선거 결과 시그널은 트럼프의 현 정책(무역전쟁, 이민정책 등) 때문에 미국을 분열시킨다는 이미지를 공고히 하고 있다는 비판을 받고 있는 것이다.

공화당의 텃밭에서 극렬하게 대립하게 하여 트럼프의 열렬 지지자 외에는 중도 층의 표심은 포섭하기 힘들기 때문에 더욱 중간선거에서의 과반은 어려울 것이라는 전망에 힘을 실고 있기 때문이다. 과반을 넘지 못하는 하원의석은 상당한 정책시행의 어려움을 예상할 수밖에 없고, 이는 바로 증시에서 영향을 끼칠 것이다. 그러므로 올해 얼마 남지 않은 하반기는 중간선거에 대한 모니터링을 하면서 정치적 이슈가 미국과 글로벌 금융환경에 어떤 영향을 끼치는지를 잘 관찰한다면 내가 투자한 상품의 매수/매도를 결정하는데 중요한 나침반이 될 수 있을 것이다.

정리하자면 투자를 바라봄에 있어 나만의 틀을 가지는 것은 매우 위험한 자세라 할 수 있다. 그건 소신이기 보다 고집이며 고정관념, 아집 밖에 되지 않기 때문이다. 불교에서의 수행은 '나'를 없애는 데 목표를 둔다. '참 나'가 아닌 나를 내세우고, 부각시키는 것 즉, 에고(ego)에 휘둘리지 말고 곧장 진짜 자신을 발견하는 것을 깨달음이라고 하는 것이다. 그래서 여러 가지 상(相)들 중에 아상(我相 : 자신을 앞세우는 마음)을 없애는 게 가장 중요한 목표 중에 하나로 보는 것이다. 이처럼 투자에서도 돈의 흐름을 보면서 자신의 정치적 편견을 고집한 채 '내가 맞다'라고 생각하며 투자처를 찾는다면 큰 손실을 입게 될 수밖에 없다. 이건 사실 내 경험에서 나온 것이다. 반대로 정치를 혐오한다거나 관심이 없다고 하여 경제와 따로 분리해서 보는 것을 고집하며 투자한다면 이 또한 매우 위험한 행동 그 자체이다.

유럽에서 일어나는 난민 문제가 결국 경제와 연관되어 있다는 생각으로 사회문제를 바라볼 필요가 있듯이, 여러 가지 사회, 경제, 정치 문제가 다 연결되어 돌아가고 있다는 열린 사고만이 돈의 맥을 짚을 수 있음을 반드시 명심해야 한다. 결국 다 연결되어 있기 때문에 호기심을 증폭시키고, 귀와 눈을 열며 고정관념을 내려놓는다면 돈이 어디로 흘러 들어가는지를 알 수 있지 않을까? 많은 분야에 대한 호기심이야말로 '진짜 돈 되는 재테크 공부'이다.

# 제6장
# 누구나 뛰어드는 시장,
# 그것이 바로
# 시장의 고점 사인이다

75

**금융위기가 진정 되었을 때 연기금, 부동산 가치,**
**퇴직금, 예금 채권에서 5조 달러 상당이 증발했다.**
**800만 명이 일자리를 잃었고, 600만 명이 집을 잃었다.**
**단지 미국에서만….**

**- 〈빅숏〉 마지막 장면 중 -**

제 친구가 비트코인으로 10배를 벌었고, 저희 언니는 아파트 프리미엄으로 1억을 벌었어요. 제 직장상사는 바이오 주식에 투자하여 연봉을 벌었다고 합니다. 그런데 저는 그냥 월급타서 적금만 하고 있어요.ㅠㅠ 정말 허무하다는 생각이 들고, 왜 재테크를 공부하지 않았는지 후회가 됩니다. 지인들이 식사나 술자리에서 그런 자랑을 할 때 자괴감이 드네요. 그래서 저도 투자할 자신은 없지만 뒤처지는 것 같아 이렇게 대표님께 메일을 씁니다. 어디에 투자하면 될까요? 저는 부동산에 투자하고 싶은데요. 저희 언니가 자기 동네에 좋은 매물이 있다며 추천해서 마음이 그쪽으로 가고 있습니다. 그리고 비트코인도 앞으로 1억 원 갈 것이라던데 조금 투자해보면 어떨까요? 그런데 왠지 모를 찜찜함에 상담을 신청합니다.

나는 종종 이런 사연을 메일로 받는다. 고객이 유튜브나 블로그를 보고 장문의 편지를 보낸 것이다. 이렇게 메일이나 쪽지 또는 블로그의 댓글로 장문의 글을 쓰시는 분들의 의도는 두 가지로 나눌 수 있다.

첫째, '진짜 나도 대박을 내고 싶다. 남들처럼! 그러니 어디에 투자하면 되는지 가르쳐 달라!'라는 것이다. 메일을 보낸 분은 나의 글이나 영상을 보고나니 나에게 신뢰가 간다고 했다. 그래서 '당신이 말하는 것에 투자를 하겠으니 확 꽂히는 것 있으면 아무거나 말해 달라!'라는 다소 무리한 요구를 했다. 그냥 어려운 이유는 듣고 싶지 않고, 족집게식 과외처럼 말이다.

둘째, '강심장이 아니다보니 투자해서 손실이 나는 게 매우 싫다. 그런데 주변 지인들이 돈을 버는 것을 보니 예전보다 많이 하고 싶어진다. 누구나 이렇게 손쉽게 돈을 버는 데 나만 뒤처지고, 소외되는 것 같다. 그러니 그들이 틀렸다고 말해 달라! 그래야 내가 안심이 될 것 같다.'라는 것이다.

필자는 이런 편지나 질문을 받을 때 마다 하는 얘기가 있다. '제가 만약 그걸 알았다면 산에 집 짓고 바다에 낚시하러 다니면서 가끔 한두 번 매매하면서 편하게 살았겠죠!ㅎㅎㅎ'라고 말이다. 10년간 공부해도 도통 모르겠고, 하면 할수록 어려운 게 재테크다. 한 가지 중요한 사실은 위에서 비트코인이든 분양권이든 누구나 투자해서 쉽게 수익을 올리는 시장은 이미 '버블'이라는 증거이다. 버블은 곧 폭락으로 끝이 난다.

우리는 아무렇지 않게 '폭락 전에 팔면 되지!'라고 말한다. 어디 그게 말이 쉽지 행동이 쉽던가? 평생을 경제 및 금융 전문가로 살아온 사람들도 버블인지 아닌지는 폭락해봐야 안다고 했다. 그러니 전 세계 잘나가는 석학도 모르는 일을 단지 몇 년 공부했다고 버블을 미리 알 수 있을까?

사실 필자도 자신이 없다. 하지만 여러분 주변에서 너도 나도 달려들어 투자한다면 잠깐은 수익의 달콤함을 맛볼 수 있을지 모르지만 결국 큰 손해로 끝난다는 것은 대부분이 공감하는 일이다. 그래서 버블의 고점은 여러분이 훨씬 잘 알고 있을 것이다. 다만 그때 '바람에 휩쓸려서 같이 물릴 것인가? 아니면 좀 더 달콤함의 유혹을 참을 것인가?'에 따라 마시멜로 실험처럼 성공에 한 발짝 다가설지 말지가 재테크에서 결정된다.

'스님이 주식하면 끝물이다.'라는 주식격언이 있다. 문장에서 풍겨지는 뉘앙스만 봐도 알 수 있듯이, 절에서 도를 닦고 염불을 외우며 욕심을 버려야할 스님이 주식투자를 하러 내려올 만큼 이슈가 되고 있다는 것은 누구나 주식투자를 하고 있다는 것이고, 주식시장에 개미들만 판치는 세상이라는 의미이다. 이는 곧 시장이 폭락할 것이라는 징조이다. 그래서 당신 주변에 평범한 직장인이, 게다가 재테크 쪽은 전혀 관심 없던 지인이 투자에 발을 들였다면 버블이 시작되었다는 것을 감지하고 모두 다 팔아서 현금화해 놓는 것이 좋다. 실패의 쓴 맛을 보기 싫다면 말이다.

고객의 실제 상담사례를 하나 소개하고자 한다. 2017년, A고객은 주변 지인들이 아파트 프리미엄에 투자하여 3~4천만 원은 기본이고, 1억을 넘게 벌었다는 얘기를 하며 힘들다는 얘기했다. 그리고 절친한 친구가 아파트를 사지 않는 것은 바보라며 무시하는 듯 얘기하면서 자신은 집이 3채라는 것을 자랑했는데, 본인은 솔직히 배가 엄청 아팠다고 했다. 그러면서 A고객은 필자에게 하소연 겸 푸념하였다. '왜 자신이 아파트를 사려고 할 때 말렸냐고 말이다. 만약 필자가 사라고 했다면 몇 채를 샀을 것이고, 그렇다면 부자가 되어 있을 텐데'라며 여운을 남겼다. 하지만 2018년 2월, 중간 점검차 A고객과 다시 만났다. A고객은 내가 왜 그토록 '집을 사지 마라'라고 했는지 알겠다는 얘기를 고객이 먼저 꺼냈다.

필자가 말한 대로 금리가 올라가면서 친구들이 이자 부담이 커지면서 '집을 팔아야겠다'는 결정을 했다는 것이다. 그러나 팔려 내놔도 팔리지 않는다면서 걱정을 조금씩 하고 있다고 했다. 그리고 2년 후 입주할 아프트 분양권 프리미엄도 5천만 원 이상이 상승했었는데 1억까지 간다는 공인중개사와 주변 지인의 말에 팔지 않았었는데 마이너스로 전환하여 힘든 상황이라고 하였다. 자신은 그 앞에서 웃을 수는 없었지만 자신의 전세설움을 좀 해소했다면서 고맙다고 하였다. 이 고객은 집을 살 수 있는 충분한 조건이 되었지만 나의 조언으로 사지 않았던 것이다. 지금은 금리 급등으로 주변에 부동산 예찬론자였던 지인들이 조금씩 힘들어하는 얘기를 들을 때마다 정말 빚내서 집을 사지 않은 것을 다행이라 생각하고 있다.

지금은 부동산 시장이 하락하면 제대로 된 내 집 마련을 하겠다며 돈을 열심히 모으고 있다. 자신도 집을 여러 채 살 수 있는 확실한 기회가 올 때까지 기다릴 자신이 생겼다는 것이다.

치솟아 오르던 시장이 하락할 때 그 시장에 투자했던 많은 사람들이 고통 속에서 힘들어하지만 그 시장의 상승기에서 팔고 나왔거나 예금과 적금으로 차곡차곡 현금을 쌓아놓기만 한 사람들에게는 다시 큰 기회가 오고 있기 때문에 기쁨이 될 수 있다. 즉, 종잣돈을 마련한 사람들에게 위기는 곧 큰 기회가 된다.

주변의 누구나 재미를 보고 있는 투자는 절대 하지 마라! 폭포로 향하는 강의 끝자락에서 황홀한 경치에 취해있는 지점이기 때문이다. 이럴 때 배 좌/우의 경치에 한눈 팔지 말고 앞을 직시하여 냉철하게 판단해야 한다. '배를 버리고 뛰어내릴 것인가? 반대로 저어서 상류로 갈 것인가'를 말이다. 만약 경치에 취해 앞으로 보지 못한다면 결국 폭포 아래로 떨어질 일만 남는다. 자신의 전문 분야도 아니면서 생소한 분야에서 잠깐 재미를 보고 흥분한 나머지 침을 튀기며 확신할 때는 이미 경치에 취한 상황이다. 어떤 말도 들리지 않는 순간이다.

인생에서도 마찬가지이다. 가장 전성기라고 확신이 들 때가 가장 큰 위기이다. 반대로 가장 큰 위기에 봉착했을 때가 한 단계 더 도약하는 계기가 된다. 그래서 잘 나갈 때 큰 욕심을 경계해야 한다.

최인호 작가의 《상도(商道)》라는 소설에서 조선 최고의 거상 임상옥은 늘 계영배를 옆에 두고 욕심이 가득 차는 것을 경계했다. 이 잔은 7부 이상 술이 차게 되면 술이 모두 사라져버리는 잔이었다. 임상옥은 이 잔을 보면서 본인의 재물욕, 권력욕, 명예욕을 모두 경계하며 적정선을 넘어서면 모두 포기하고 내려놓는 삶을 살았다. 그랬기에 평생 조선 최고의 거상으로서 큰 부자로서 끝까지 자산을 지킬 수 있었다.

금융위기 이후 10년이라는 시간은 재테크의 황금기 같은 시기였다. 그러나 지금 더 욕심을 내는 것은 계영배에 7부 이상을 넘어서 가득 채우려는 욕심이 아닐까? 그럼 여지없이 사라지고 말 것이다. 금융 시장이라는 계영배는 몇 부 이상이 차면 사라지는지 잘 모른다. 7부를 넘어 8부에서 무너질지 아니면 꽉 채우고 넘치다가 사라질지 말이다. 하지만 우리는 7부는 넘어섰다는 것을 체감하고 있다. 그렇다면 먼저 비워내야 한다. 만약 남은 3부마저 다 먹고 나오겠다고 욕심을 낸다면 모두 사라지고 말 것이다. '꽉 채운 잔=빈잔' 이라는 등식이 성립한다는 것을 잊지 마라! 지금은 그 잔에 그만 술을 채우는 것을 그만해야하는 시기다. 먼저 시장에서 빠져나와 부동산과 같은 자산을 현금화해놓는 것이 바로 지금 해야할 일이다.

81 “단순히 내가 잃어버릴까 봐 두려워했기 때문에

잃어버린 것들이 얼마나 많은가.”

- 파울로 코엘료 -

# 제7장

# 10년마다 한 번씩 오는 폭락은 위기인가 아니면 기회인가

83

**인류에게 가장 큰 비극은**

**지나간 역사에서 아무런 교훈도 얻지 못한다는 데 있다.**

**-토인비-**

“2008년 금융위기 이후 10년이 되었으니 10년 주기설에 의해 곧 위기가 오는 것 아닌가요?”

필자는 2월부터 시장상황과 베트남 투자 등 다양하게 매주 말마다 강의를 이어오고 있는 데, 이는 강의 때 가장 많이 물었던 질문 중 하나이다. 그래서 이런 얘기를 어떤 근거로 하는지 반대로 물었더니 뉴스에서 자주 나온다고 하였다.

확인해보니 2017년 하반기부터 경제뉴스 중 ‘10년 주기설’에 대한 이슈가 종종 나오고 있었다. 10년 주기설은 10년마다 경제위기가 왔고, 지난 2009년 서브프라임 모기지 사태 이후 현재 10년이 되었으니 위기가 찾아올 것이라는 논리다. 그러나 7년 주기설, 4년 주기설 등 연 수는 각 전문가마다 다양한 양상을 띠며 위기론이 나오고 있다. 그래서 먼저 봐야 할 것은 세계경제가 미국 중심으로 돌아가기 때문에 미국의 경제위기는 몇 년 주기설인지 봐야한다.

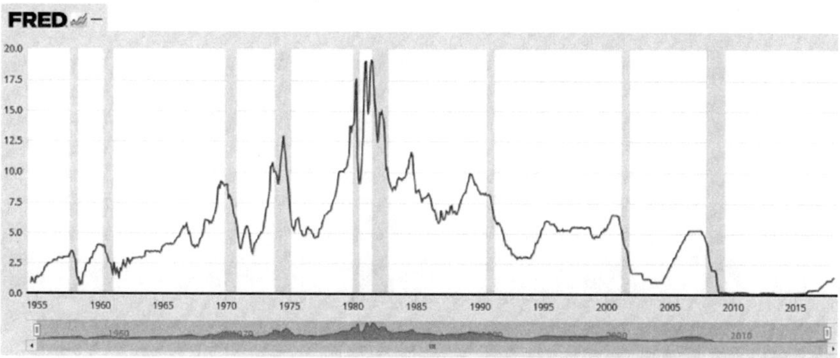

앞 페이지의 차트는 미국의 기준금리를 1950년대부터 현재까지 나타낸 것이다. 회색 막대선이 금융위기를 표시한 것으로 10년 주기설 보다는 3~7년까지 다양하게 나타난다. 다만 10년 주기설이 나오는 기간은 두 번인데, 그중 첫 번째는 1961년 금융위기 이후 10년 후인 1970년 브래튼 우주체제 붕괴로 금융위기가 나타났다.

두 번째는 1991년 저축대부조합(S&L: Savings &Loans Association)이 파산하면서 위기를 맞은 다음 10년 후 2000년 닷컴 버블로 금융위기를 맞는다. 2009년 버블 이후 10년차에 접어들었으나 아직 금융위기는 나타나지 않았다. 1950년대 이후 10년을 넘은 버블은 아직 없다. 10년 이내에는 차트의 회색 막대 선을 보더라도 많다. 차트를 보면 미국이 금리를 올리다가 결국 금융위기가 온 후 다시 금리를 급격하게 내리는 것을 볼 수 있다. 화살표가 회색 막대 선을 기준으로 이전과 이후 어떻게 움직이는지 보면 쉽게 알 수 있다.

최근 미국이 금리를 올리기 시작한 것은 2015년 한차례와 2016년 한 차례, 그리고 2017년 들어 본격적으로 세 차례 올렸다. 올해도 서너 차례 정도 예상하고 있다. 그러면 마지막 점선 화살표는 올해 말 더 올라가 있을 것이다. 점차적으로 투자하기에는 어려운 시기가 되고 있다는 것이다. 금리가 오를 때에는 투자자들이 위험자산에서 안전자산으로 전환하기 때문이다. 금리인상으로 예/적금 금리도 오르면서 예/적금 상품으로 돈이 몰릴 수밖에 없는 이유다. 그러나 모든 돈이 주식이나 펀드에 들어가 있다거나 부동산 투자로 대출을 많이 받은 사람들은 현금화하기 어려워진다. 특히 부동산에 투자한 직장인들은 대출 금리가 오르기 때문에 예금하기에는 빠듯할 수밖에 없어진다. 여기다 원리금 상환까지 시작되는 직장인은 더욱 힘들어진다. 가처분 소득이 점점 축소되기 때문이다.

이런 시기에 위기가 온다면 이들은 그냥 우산 없이 폭우를 맞을 수밖에 없게 된다. 그러나 예금과 적금으로 피해있던 사람들은 폭우를 피하고 날이 좋아지면 기회를 잡을 수 있다. 그러므로 10년 주기설이든 4년 주기설이든 7년 주기설이든 이런 위험하고 공포스러운 금융위기가 온다면 준비된 자에게는 큰 기회가 된다.

금융위기가 언제 어떻게 시작될지를 예상하는 것은 인간의 영역이 아니다. 다만 지금은 금융위기에 근접해가고 있다는 것만큼은 사실이다. 코스닥 주식에 투자했다가 상장 폐지된 경험이 있는 사람들은 이런 얘기를 들어봤을 것이다. '별똥별은 마지막에 가장 빛이 난다.' 그래서 상장폐지 전 상한가를 치면서 폭등할 것 같은 모습을 보여준 후 상장폐지가 되는 것이다. 올해 상반기 증시는 1월에 반짝하고 쭉 미끄러지는 모습을 보였다. 벌써 마지막 빛이 반짝인 것일까?

금융시장은 이렇게 허무하게 끝나지는 않는다. 그런 의미에서 지금은 랠리를 펼칠 수 있는 시장이 한 번 더 남았을 것이라는 전문가들의 예측에 일정부분 동의한다. 이럴 때 '개미들은 괜히 현금화 했나?'라는 생각이 들겠지만 그래도 별똥별은 별똥별이다. 가장 빛날 때 우리는 소원을 빌며 부자가 되는 희망을 갖지만 순식간에 그 별은 한줌의 재로 돌아가지 않는가? 필자는 이것이 달러약세와 함께 인플레이션이 강하게 동반되면서 자산가격의 상승 랠리가 있은 후에야 위기가 올 것이라 생각한다.

그 마지막 불꽃을 태우기 위해서 트럼프 대통령이 한 조치 중 하나를 2018년 3월 15일, 은행 규제 완화 개정안이 상원을 통과하고 5월 들어 하원과 본인의 사인까지 이뤄지면 통과한 것으로 본다. 이는 2010년 발효된 도드-프랭크 법(2008년 금융위기 이후 월가의 탐욕을 억제하고자 파생금융상품 규제 강화, 금융소비자 보호장치 신설, 대형 금융회사들에 대한 각종 감독, 규제책 신설을 골자로 함)의 일부 조항을 수정한 것인데 일부라고는 하지만 핵심적인 부분은 모두 수정한 것이다. 즉, 2008년 금융위기 이후 다시는 위기를 반복하지 말자는 차원에서 금융권의 탐욕을 억제하기 위해 재도입한 금융규제법이 폐기 처분까지는 아니지만 금융위기 이후 제한되었던 탐욕을 마음껏 시장에서 펼쳐 보이라는 것이다. 수정한 조항의 내용은 다음과 같다.

1. 100억 달러 이하의 소규모 은행과 지역 대출기관에 대한 엄격한 규제를 완화한다.

2. 대형은행은 유동성 자금에 대한 완화와 스트레스 테스트 요건을 완화한다.

왜 하필 이때인가? 금융위기 이후 엄청난 상승이 있던 시장에서 경제석학들과 많은 투자전문가들이 부담스러울 정도로 가격이 상승했다는 이 시점에서 더 많은 대출과 투자를 할 수 있도록 은행의 탐욕을 부추기는가 말이다.

여기서 우리는 1991년 저축대부조합(S&L: Savings &Loans

Association) 사태를 돌아봐야 한다. 금융에서 위기의 역사야 말로 미래를 전망하는 중요한 지표이다. 그리고 이 저축대부조합 사태는 이번에 한 금융규제 완화 개정안과는 비슷한 사례이기 때문이다. 저축대부조합의 파산은 1980년대 초반부터 시작되어 1995년이 되어서야 마무리된 사태이다.

1980년대 초 부실저축은행들이 발생하자 금융당국과 정부는 과감하게 정리하는 것이 아니라 지원을 해줘서 부실저축은행이 연명할 수 있는 여건을 마련해 준다. 이는 도덕적 헤이(Moral Hazard)를 낳았고, 이는 1980년대 중반을 넘어서면서 더 많은 저축대부조합의 부실을 일으킨다. 그리고 1980년대 레이거노믹스는 매우 공격적으로 자산가격의 상승을 유도하는데 그중 부동산 가격 상승은 상당한 거품을 일으키게 된다.

이때 이 버블을 감당했던 것이 저축대부조합이었으며 정부의 용인 하에 도덕적 헤이에 빠져 있는 상태에서 대출조건이 되지 않는 사람들에게도 주택담보대출이라면 무조건 오케이를 외쳤던 것이 결국 위기를 초래하고 만다. 이 버블의 결말은 부동산 가격의 급락이었고, 이로 인해 신용에 상관없이 대출해줬던 저축대부조합들은 파산하게 되는 데 그 수가 급증하여 결국 금융위기로 이어진다. 이처럼 저축대부조합의 부실이 생겼을 때 본보기로 정리를 했더라면 80년대 초부터 발생한 문제가 1995년이 되어서야 정리되지도 않았을뿐 더러 결국 국민의 세금을 들여서 처리하지 않아도 되었을 것이다.

이 문제와 비슷한 금융위기가 2008년 서브프라임모기지 사태이며, 이때는 대형은행들까지 나서서 저신용자 대출에 열을 올렸고, 이는 전 세계 위기를 조장했다. 그래서 오바마 대통령은 다시 도드-프랭크 법안이라는 강력한 금융규제안을 통과시켰다. 다시는 월가의 탐욕이 위기를 발생시키지 않도록 하고, 국민의 혈세로 그들의 범죄행위에 대한 피해를 상환하는데 쓰지 않기 위해 철저히 감시하자는 취지에서였다.

그러나 반대로 트럼프는 대통령 후보 때부터 금융규제 완화를 공약으로 내세웠고, 결국 실현시켰다. 중앙은행은 파티가 무르익을 때 접시와 술을 빼야 하는 기관이다. 그런데 트럼프는 이제 좀 더 파티를 즐기기 위해 술을 더 내오라는 것이다. 탐욕은 어떤 악조건 속에서도 배고픔을 말한다. 그리고 탐욕이라는 괴물은 무리를 해서라도 끝까지 아가리에 쳐넣을 생각만 한다. 결국 토해낼 때까지 말이다. 그리고 투자를 하는 개인도 탐욕을 토해낸 다음에야 본인의 본모습을 보게 된다. 마치 밤을 새서 술을 마시고 길거리에 취한 채 널브러져서 아침 햇볕을 맞으며 술이 깰 때 느끼는 허무함과 후회의 감정과 같다.

사실 이런 부분 때문에 지금 금융위기가 올 것이라는 인식들을 모두 하고 있기 때문에 그렇게 쉽게 오지 않는다는 주장하는 사람들도 종종 본다. 그런 얘기를 나에게 물을 때마다 '지금 위기가 올 것이라는 걸 알면서도 파티를 즐기고 있는 것은 무엇인가?'를 되물어본다. 그러면 머리로 인식하고 있지만 어떠한 행동이나 대비도 하지 않고 있다는 것을 알게 된다. 그러므로 늘 '이번에 다르다'라는 말들이 나올 때야 말로 더 확실한 위기라는 것을 알 수 있으며 결국 금융위기의 결말을 냈다는 것을 역사에서 증명하고 있다는 것을 명심해야한다. 7월 17일, 미니애폴리스 연준 총재 닐 카시카리가 쓴 칼럼에서 인상적인 문장을 소개할까한다.

This time is different. I consider those the four most dangerous words in economics. …(중략) But declarations that “this time is different” should be a warning that history might be about to repeat itself.

필자는 이 문장의 네 단어가 경제학에서 가장 위험한 것이라고 생각한다. ‘그러나 이번엔 다르다’는 발언들은 역사가 곧 반복될 수도 있다는 경고가 되어야 한다.

‘This time is different(이번엔 다르다).’

닐 카시카리는 장·단기 금리차가 역전될 수 있는 상황에서 전문가들이 ‘이번에는 그때와 다르다’는 주장들을 쏟아내자 이에 대해 비판 한 것이다. ‘이번엔 다르다’는 말이 시장에서 나올 때가 가장 위험한 시기였고, 이번에도 당신들이 그런 얘기를 하는 것을 보니 이건 금융위기의 징조인 셈이다’라며 일침을 가한 것이다. 이 칼럼의 중간에는 다음과 같은 내용이 나온다. 2006년, 장·단기 금리차가 역전되었을 때도 당신들은 이번에는 다르다며 많은 근거를 얘기했지만 금융위기는 왔다라는 말과 함께 지난 50년 동안 수익률 곡선 역전은 미국의 경기침체를 가장 잘 예측하는 신호였다는 것이다. 이런 주장을 하며 이들을 비판하였다.

만약 현재 투자를 진행 중에 있는 개인투자자라면 어떻게 해야 할까? ‘2018년 하반기에 자산 가격이 상승한다면 더 투자해야할 상황이 아니라 이익실현을 해서 현금 확보를 해야 하는 시점이 아닐까?' 이런 고민을 해 볼 필요가 있는 시점이다. 10년 주기설이든, 4년, 7년 주기설이든 어쨌든 위기라는 '기회'가 다가오고 있기 때문이다.

그리고 주의 깊게 '미국의 정치와 경제지표'에 관심을 가져야 한다. 그래야 내 자산을 지킬 수 있는 신호가 나오기 때문이다. 지금 내가 투자한 자산의 가격이 운 좋게 올라간다 하여 거만하거나 방심하면 절대 안 된다. 미국과 글로벌 시장이 어떻게 되는지를 보고, 판단해야하는 일을 그냥 하나의 자산 가격만 보며 방심하고 있다가는 다시 위기가 온다면 돌이킬 수 없는 치명타를 입을 수 있기 때문이다.

2018년 3분기 중반을 넘어서는 이 시점에서, 영화 〈관상〉에서 가장 인상 깊었던 마지막 장면을 소개하겠다. 모든 걸 잃고 한양에서 떠난 관상쟁이 김내경은 그를 찾아온 한명회에게 명언을 남긴다.

"난 사람의 얼굴을 봤을 뿐 시대의 모습은 보지 못했소. 시시각각 변하는 파도만 본 격이지… 바람을 봐야 하는데… 파도를 만드는 건 바람인데 말이오."

그러자 한명회는 본인의 역모 전략을 칭찬이나 해주는 줄 알고 재차 묻는다.

"그러면 우리의 역모를 아무도 막을 수 없었다는 것이라는 얘기잖소?"

그러자 김내경은 바로 이어 반박한다.

"당신들은 그저 높은 파도를 잠시 탔을 뿐이요. 우린 그저 낮게 쓸려가고 있을 뿐이었소만… 뭐 언제가 다시 오를 날이 있지 않겠소… 높이 오는 파도가 결국 부서지듯이 말이오.”

재테크를 하는 투자자들이라면 이 장면에서 바람은 보지도 못하면서 운 좋게 파도를 탄 한명회와 같은 생각을 가지고 있는 것은 아닌지 한번 자문해볼 필요가 있지 않을까? 바람이 작년보다 더 가까이 온 것 같다. 파도에 쓸려갈지 바람을 탈지는 본인의 지금 재테크 포지션을 확인해보면 알 것이 아니겠는가?

# 제8장

## 왜 전문가들은 2018년 들어 금융위기를 대비하라고 하는가

**'곤경에 빠지는 건 뭔가를 몰라서가 아니다.**
**뭔가를 확실히 안다는 착각 때문이다.'**
**- 마크 트웨인 -**

'곤경에 빠지는 건 뭔가를 몰라서가 아니다. 뭔가를 확실히 안다는 착각 때문이다.'

이는 《톰소여의 모험》과 《허클베리 핀의 모험》 등으로 유명한 작가인 미국의 소설가 마크 트웨인이 주식시장에 대해 남긴 명언 중 가장 유명한 것이다. 그리고 영화 〈빅숏(Big Short)〉의 첫 장면은 이 명언으로 시작한다.

정말 투자를 몇 년 이상 한 사람들은 무릎을 탁 칠 것이다. 이는 단지 투자에서만 적용되는 것이 아니다. 사실상 사기를 당하는 사람들의 특징을 보면 "이번에는 확실히 대박아이템이야."라는 말을 많이 한다. 결국 곤경에 빠지는 사기를 당하고 나서야 주변이 보이기 시작하고, 대박아이템이 아닌 이유는 수백까지가 있었다는 것을 알게 된다. 투자가 투기로 변하는 시기도 아마도 대부분의 사람들이 '이번에는 확실하다.'는 확신이 들 때가 아닐까 싶다.

재테크에서 주식과 펀드를 하는 사람이라면 2018년과 2017년 확연히 다르다는 것을 느낄 것이다. 2017년 전 세계는 축제분위기였다. 모든 것이 다 좋아질 것이라는 확신에 차있었기 때문이다. 애널리스트들도 상당히 긍정적인 시장 리포트를 내놨고, 투자자들은 열광했다. 2018년 1월, 증시는 에베레스트 마지막 직벽 구간을 무중력상태에서 올라가

듯 가뿐히 상승했다. 투자자들은 열광했고, 어떤 리포트든 긍정적인 내용이라면 열광했으며, '뭐든 사도된다'는 시그널을 보냈다. 그러니 이 와중에 금융시장에 거품을 걱정하는 투자 대가들은 찬밥 신세였다.

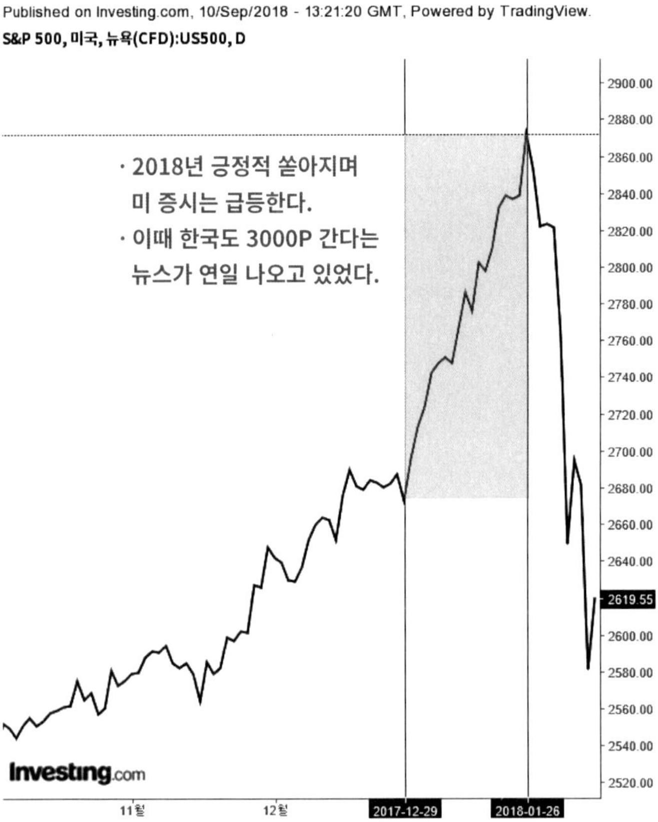


그러나 1월 말부터 2월초까지 일어난 폭락은 1987년 8월 25일 블랙먼데이(Black Monday)를 연상하게 했다. 잠시 블랙먼데이에 대해 이야기 하자면 다음과 같다.

1987년 10월 19일 월요일 하루 만에 다우지수가 22% 하락한 날이었다. 1987년 8월 25일의 다우존스 지수는 연초 대비 40%를 상승하여 매우 긍정적인 전망들이 넘쳐나면서 2개월이 지났다. 아무도 예상하지 못했고, 딱 하루 만에 폭락한 것이다. 대공황 당시의 하루 최고 폭락은 1929년 10월 28일 12.6%였는데 이에 두 배 정도 된다. 물론 그 다음날에 11.7%하락하며 총 이틀 만에 27%를 넘었지만 하루에 폭락한 것은 역대급이라할 수 있다. 이때의 비이성적 공포는 자살도 증가하게 할 만큼 충격 그 자체였다. 이는 다시 영국, 싱가포르, 홍콩 시장의 폭락으로 연결되었다.

다시 94페이지의 그래프로 돌아가 보자. 2월 들어서자마자 폭락을 하면서 블랙먼데이의 악몽을 떠 올린 시장 투자자들은 경제 및 투자 대가들의 말에 귀를 기울이기 시작했고, 1월 상승분을 대부분 반납하는 상반기를 맞아야했다. 결국 우리는 뭔가를 몰라서 당한 것이 아니라 확신한 나머지 귀를 닫았기 때문에 힘든 상반기를 보낸 것이다.

7월 들어 글로벌 금융시장의 가장 큰 이슈는 장·단기 금리 역전 현상이다. 만약 장기금리가 단기금리보다 낮은 상황이 발생한다면 1~2년 후 금융위기가 왔기 때문이다. 그래서 이런 시점에서 이전에 투자와 경제 대가들은 어떤 경고를 하고 있는지 살펴 볼 필요가 있다.

**먼저 최장수 경제 대통령 앨런 그린스펀 : 주식보다 채권시장 거품이 더 문제다!**

첫 번째로 전 세계의 금융 대통령을 20년이나 한 앨런 그린스펀이다. 그는 “주식, 채권, 시장에 거품이 있다. 가장 중요한 것은 채권시장의 거품이 중대한 사안이 될 것이다.”라고 말했다. 그는 1987년, 미국 연방준비위원회 의장에 올라서 2006년 금융위기 이전까지 20년을 전 세계 금융시장을 이끌면서 많은 명언을 남긴 분이다. 그리고 블랙먼데이부터 닷컴버블 등 많은 금융위기를 겪으면서 위기를 극복하는 노하우를 풍부하게 가진 살아있는 전설 같은 인물이다.

사실 그린스펀 본인이 버블을 일으키는 정책을 내고 버블이 터지면 다시 수습하는 정책을 여러 번 실행했다고 보면 된다. 마지막 서브 프라임 모기지 사태가 나기 이전 터질 걸 미리 알았는지는 모르겠지만 밴 버냉키에게 절묘하게 넘겨주고 물러나게 된다.

하여튼 이런 그린스펀이 2017년 말 국채시장의 거품에 대한 경고를 했었는데 올해 2월에도 어김없이 국채시장 버블로 인해 증시와 부동산등의 시장도 같이 폭락할 것이라고 경고했다.

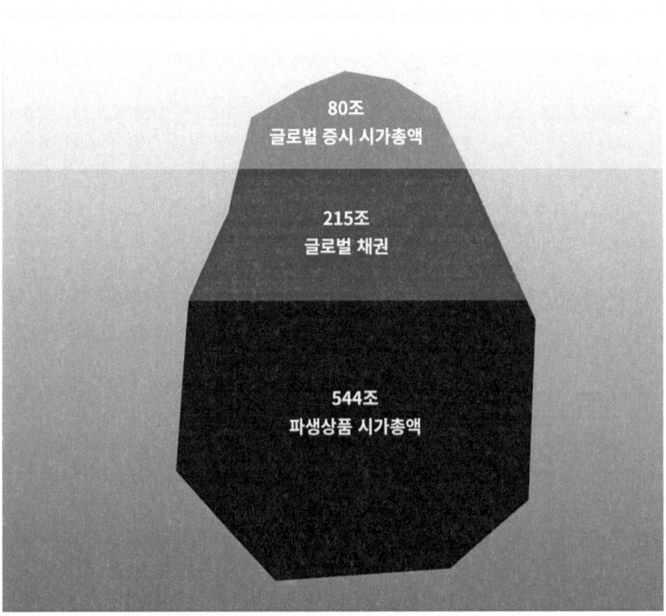


**세계 금융시장 규모**

-

**단위: 달러**

**출처: 블룸버그**

BIS 국제결제은행과 블름버그 데이터서비스 등에 따르면 전 세계 주식시장 시가총액은 80조 달러이고, 채권시장 총액(정부 + 민간)은 215조 달러이며, 파생상품 시가총액은 540조 달러였다. 이 셋을 다 합하면 835조 달러로 원화로 환산하면 대략 85경 원이 된다.

주식시장보다 채권시장이 더 크고 기업들이 채권발행을 많이 하기 때문에 채권시장이 무너진다는 것은 세계경제가 무너진다고 봐야한다. 그는 3월 1일 CNBC에서 '수십 년간의 채권 강세 장세가 끝나간다'라는 주장을 하며 장기 실질금리가 오르면 주식가격은 내려갈 것이라 했다.

이러한 그린스펀의 주장은 쉽게 말해 채권금리가 장기적으로 상승추세에 있을 것이고, 이는 결국 이자부담이 증가하면서 파산하는 형태로 갈 것이라는 전망을 내놓은 것이다. 즉, 앞의 챕터에서도 언급했지만 '채권은 더 이상 안전자산이 아니며 금융시장 규모에서도 봤듯이 증시보다 대략 3배가 큰 채권시장이 무너진다면 이전에 보지 못한 규모의 위기가 될 수도 있다'는 것을 의미한다. 그러므로 그린스펀의 주장이 맞는지를 보려면 미국 채 10년물의 금리가 얼마나 상승하는지를 지켜봐야 한다.

### 구(舊) 채권왕 빌 그로스 : 30년 채권 강세장 끝났다!

야뉴스 글로벌 인컨스트레인트 채권펀드를 운용하는 야누스캐피탈의 펀드매니저인 빌 그로스는 오래도록 채권시장에서 왕이라 불리는 사나이였다. 이런 그의 입김은 상당한 영향력을 발휘했다. 이제는 신(新) 채권왕 제프리 군드라흐에 밀려났지만 그 영향력은 아직도 강하게 남아있다. 이런 빌 그로스는 2017년 1월 “미국채 10년물이 2.6%가 넘으면 채권 30년 강세장은 종료된다.”라고 말했다. 2018년도를 전망하면서 3%를 넘지 않는 선에서 유지될 것이고, 시장분위기는 나쁘지 않을 것이라는 조언도 했다. 하지만 2018년 2월 단기적인 폭락을 경험하게 된다. 그리고 4월 23일이 되자 3%를 넘어서는 경우가 발생했다. 빌 그로스의 의견이 틀렸다고 치부할 것이 아니라 이렇게까지 빨라진 미국 채 약세는 더욱 위험한 신호라는 것을 파악하는 게 중요하다. 2018년 4월 17일, 트위터를 통해 자신이 보고 있는 데이터로는 ‘현재 경기침체 수준에 가깝다.’는 말을 전했다.

그런데 7월 들어서 국채 10년 물은 오히려 빌 그로스의 말대로 2.8%대까지 하락하며 하반기에는 더 하락할 것이라는 우려까지 낳고 있다. 이유는 앞에서 언급한 10년물 금리가 2년물 금리보다 더 낮아지는 현상이 발생할 것이라는 우려들이 나오고 있기 때문이다. 만약 금리가 역전되면 늘 반복했던 것처럼 10년물 금리가 폭등하고, 2년물 금리가 하락하는 현상이 벌어지면서 금융위기가 왔기 때문이다.

**세 번째, 신(新)채권왕 제프리 군드라흐 : 올해 미 증시는 마이너스로 마감할 것!**

“빌 그로스의 2.6%가 아니라 3%가 넘으면 채권시장은 강세장의 종말이며 증시에도 충격을 줄 수 있다.”

라이벌이자 신(新)채권왕인 더블라인 캐피탈의 펀드매니저 제프리 군드라흐의 주장이다. 제프리 군드라흐는 또 3.2%는 멀지 않아 도달할 것이고, 이번에는 더 큰 폭락이 있을 것이라 경고했다. 2018년 4월 23일, 국채금리 상승은 경기 침체 가능성을 경고하면서 올해 미 증시는 마이너스대로 마감할 것이라고 경고했다.

일정 부분 빌 그로스와 일맥상통하는 의견이다. 빌 그로스와 제프리 군드라흐는 빠르게 미국채 10년물이 상승한다면 경기침체의 기운이 빠르게 시장을 뒤덮을 것이라는 면에서 3% 이상의 상승을 우려하는 것처럼 보인다.

그러나 3분기에 들어서는 오히려 채권 금리의 매력으로 하락하는 모습을 보이고 있다. 아직까지는 가파른 상승으로 인한 위험은 없어 보인다는 게 전문가들의 의견이다. 문제는 하반기 두 번의 금리인상 이후 연준의 기준금리가 2%에 도달한다면 이때부터는 채권금리가 3%이하에서 있기는 힘들 것으로 전망된다.

만약 이렇게 3%를 넘게 된다면 미국보다 이머징 시장이 문제가 될 것으로 보인다. 그 이유는 미국채 금리의 매력을 느낀 투자자들은 이머징 채권을 매도하여 미 국채에 투자할 가능성이 크기 때문이다. 그렇게 된다면 증시와 채권시장에서 같이 매도하는 상황이 벌어지고 이는 환율 상승으로 인한 달러부채에 대한 부담으로 작용하게 된다.

사실 5월과 6월의 이머징 시장 충격은 달러강세에 의한 이머징 시장에서의 달러 부족현상이 만들어낸 결과였다. 그러나 아직 그때는 준비운동 수준밖에 되지 않았기 때문에 앞으로 달러의 강세는 이머징 시장에서의 가파른 기준금리 인상을 야기할 것이다.

이유는 간단하다. 금리를 올려서라도 환차손 부담에 따른 외국인 투자자들이 빠져나가는 것을 방어해야하기 때문이다. 이는 기업과 가계의 부채이자 부담을 증가시키기 때문에 이 또한 상당한 타격이 될 수 있다. 이러나저러나 미국채 금리의 상승은 글로벌 금융시장에 부담이 될 수 있다는 것을 군드라흐는 경고하는 것이다. 특히 우리나라처럼 미국채 금리보다 낮은 채권 금리를 유지하고 있는 나라는 미국채 금리의 매력이 높아질수록 빠르게 국채금리가 상승할 수 있기 때문에 위험할 수 있다.

**네 번째, 행동주의 투자자 칼 아이칸 : 2월에 일어난 것 경제위기의 신호탄일 뿐!**

아이칸 엔터프라이즈의 창업자이자 대주주로 행동주의 투자자로 유명한 칼 아이칸은 투자할 만한 기업을 선정하여 직접 경영에 참여하기 위해 회사의 지분을 취득한다. 주주로서 경영에 참여하고 기업의 수익을 높인 다음 경영권을 매각하는 방식으로 투자하여 수익을 올린다. 드라마나 영화에서 접하기 쉬운 기업사냥꾼이다. 최근 애플의 주요 주주로 투자하여 큰돈을 벌기도 했다.

이런 칼 아이칸이 "이번 뉴욕증시 폭락은 대지진을 알리는 예고하는 신호탄이다."라고 말했다. 2월 증시 폭락을 평가하면서 대지진을 알리는 신호탄에 불과하다고 비유했다. 아직 진짜는 시작도 하지 않았다는 것이다. 그러면서 미국 경제는 2008년 금융위기 때 보다 더 어려운 상황을 겪게 될 것이라는 전망을 내놓았다.

빌게이츠 또한 "2008년과 같은 금융 위기 확실히 또 온다."라고 말한 바 있다. 이례적으로 IT 전문가이자 세계에서 가장 부자인 빌 게이츠도 금융위기에 대해 경고했다. 사실 이 주장을 하기 전에 비트코인의 투기광풍에 대해서도 매우 위험하다는 경고를 날렸던 상황이었다.

금융위기에 대한 경고는 IT전문가가 하기에는 위험한 발언일 수 있지만, 그의 곁에는  워런 버핏(Warren Buffett)이라는 투자의 귀재가 있고, 빌 게이츠는 금융위기에 대해 버핏과 대화를 했다는 인터뷰 내용을 보면서 근거가 있다는 생각이 들었다. 다만 빌 게이츠는 언젠가를 구체적으로 표현하지 않아서 먼 미래가 될 수도 있다고 판단할 수 있는데, 개인적으로는 금융위기가 가까이 오지 않았다면 빌 게이츠가 굳이 경고했을까 하는 생각도 든다.

이렇게 유명한 투자자 이외에도 2018년 시간이 갈수록 채권시장 및 증시의 약세를 전망하는 보고서들이 조금씩 증가하고 있다. 분명한 것은 '거품은 쉽게 꺼지지 않는다.'는 것이다. 짧게는 2년이 갈 수도 있고, 길게는 3~4년도 갈 수 있다. 지금은 경제지표가 좋기 때문에 걱정은 없다고 많은 전문가들이 주장한다. 이런 경제지표에 힘입어 증시 상승을 견인하는 것은 당연하다는 것이다. 그러나 최고점은 곧 하락의 시작이라는 점도 염두에 두어야 한다. 잘 내려오는 것이 중요한데, 통상 '갈 때까지 가보자'는 탐욕이 결국은 폭락하는 모습으로 마무리된다는 건 투자를 몇 년 이상 해본 사람들은 자명한 일로 받아들일 것이다.

인류의 역사만 반복되는 것이 아니라 금융시장 버블과 붕괴의 역사도 반복된다는 사실을 잊지 말아야 한다. 그래서 금융시장에서는 '어떻게 상승하느냐'가 늘 중요한 것처럼 여겨지지만 금융정책 당국자들 입장에서는 '어떻게 하락하느냐'도 매우 중요한 고민거리가 된다. 즉, 하드 랜딩(Hard Landing)을 하지 않고 소프트 랜딩(Soft Landing)으로 유도하는 게 매우 중요한 전망이자 정책 목표가 된다. 이는 사실 비행기 착륙 용어인데 부드럽게 내려와서 착륙하는 소프트 랜딩이 가장 좋은 방안이기 때문에 금융정책 당국자들은 이를 목표로 하는 것이다. 그러나 늘 욕심이 과하다보면 더 날고 싶어 고도를 높이려다가 엔진이 과부하가 걸리면서 꺼지게 되고 기체가 땅으로 쳐 박는 하드 랜딩을 한다. 이것이 바로 금융위기이다.

금융의 역사에서 소프트 랜딩은 거의 없다고 볼 수 있다. 탐욕은 늘 하드 랜딩을 유도한다. 그리고 소 잃고 외양간 고치듯, 부러진 비행기를 용접하는데 상당히 많은 돈을 쓴다. 이를 금융시장에서는 양적 완화라 부른다. 그리고 피해자는 비행기에 타고 있던 사람들이 된다. 그래서 산전수전 다 겪어가며 금융시장의 야생에서 최고의 자리까지 올라간 투자 전문가들의 시각이 매우 중요하게 느껴지는 것이다.

물론 이 투자의 귀재들이 늘 맞는 것은 아니다. 그들의 역사적 경험을 통해 나온 발언은 하나의 경고로서 조심해서 들을 필요가 있다. 그래서 우리는 금융시장이라는 비행기에서 착륙하기 전에 중간에 내리는 것이 가장 중요하다. 금융시장이라는 비행기는 본인의 의지만 있다면 언제든지 중간에 내릴 수 있다. 그러므로 하드 랜딩하기 전에 좀 여유 있게 내릴 필요가 있다는 차원에서 이들의 얘기에 귀담아 들을 필요가 있다. 한두 정거장 뒤에 내려서 걸어가는 것에 대해 억울해 하기 보다는 여유 있고 안전하게 쉬었다 가자는 마인드로 시장을 확인하며 갈 필요가 있다. 시장의 탐욕적인 마인드까지 닮을 필요는 없지 않은가.

# 제9장
# 설국열차 꼬리 칸의 위기는 결국 맨 앞 칸의 위기이기도 하다

**사람들이 이제 주식시장으로 돌아가도**
**안전하겠다고 느끼기 시작한 순간부터**
**주가가 하락하는 것은 자주 일어나는 일이다.**
**- 피터린치 -**

2013년 개봉한 봉준호 감독과 송강호 주연의 〈설국열차〉는 SF영화이지만 사실 정치, 경제, 사회문제를 잘 표현한 재밌는 스토리다. 열차의 앞 칸과 뒷 칸은 신분의 상하관계를 얘기하며 상류층과 하류층의 생활정도를 나타낸다. 아직도 인도의 불가촉천민은 평생을 빨래터에서 빨래만 하는 다큐를 보면서 지금도 이러한 계층의 분류를 명확하게 하고 있는 나라가 있다는 게 놀라울 다름이었고, 이를 전통이라 말하며 불쾌해하던 인도의 브라만인 사람이 TV 프로에 나와 하는 얘기를 보면서 한심한 생각이 들었다.

사실 이 영화의 배경은 그런 과거도 아니고 현재도 아니며 온난화로 인한 지구의 기후변화가 일어난 미래에서 정부가 인위적으로 기후를 바꾸려다가 생긴 빙하기의 이야기다. 즉, 인간의 탐욕으로 자연마저 망쳐놓은 지구에서 생존자들의 공간인 쉬지 않는 열차에서 일어난 일들을 다루고 있는 것이다. 거기도 과거와 현재처럼 다르지 않은 계층 간의 분류와 이로 인한 불평등에 대한 분노가 생기고, 결국 이는 혁명으로 약자가 직접 일어나서 기득권을 몰아내야만 끝이 난다는 교훈을 준다.

필자가 이 영화를 초반에 설명하는 이유는 기차의 꼬리 칸이 문제가 되더라도 앞 칸은 괜찮다는 안일한 인식이 결국 그 앞 칸까지 위기가 와 버린 상황에 대해서 매우 잘 표현했기 때문이다. 그러므로 꼬리 칸의 위기를 유의 깊게 관찰해야 한다. 결국 한 칸 한 칸 앞으로 위기는 올 것이기 때문이다.

**아르헨티나 터키의 위기일 뿐 이머징 위기는 아니다?**

신흥국 자본 엑소더스?…**아르헨티나**, 결국 IMF 구제금융 신청
SBS CNBC 2018.05.09. 네이버뉴스
여기에 국가부도 위기에 몰린 **아르헨티나**가 **IMF**와 협상에 돌입해, 그 여파에도 관심이 쏠리고 있습니다. 보도에 이승희 기자입니다. <기자> 지난 1년 동안 **아르헨티나** 페소화의 가치는 달러화 대비 50%나 폭락했습니다....

터키·파키스탄 통화가치 급락… **IMF** 구제금융說 확산
한국경제 A11면1단 2018.07.27. 네이버뉴스
CNN은 터키가 **아르헨티나**에 이어 **IMF** 구제금융을 신청하는 나라가 될 가능성이 있다고 보도했다. 이난 데미르 노무라증권 연구원은 "리라화 가치가 하락해 터키 기업과 은행의 외채 부담이 커졌다"며 "이 때문에...

**IMF**에 구제금융 요청한 **아르헨티나**… 페소화 가치 사상 최저치 경신
문화일보 2018.05.09. 네이버뉴스
이날 마우리시오 마크리 **아르헨티나** 대통령이 **IMF**와 구제금융 협상에 돌입했다고 밝히며 긴급 진화에 나서 오전에는 달러당 22.48페소 선에서 움직이고 있다. **아르헨티나** 중앙은행은 최근 열흘 새 세 차례 금리를...

4월 말부터 문제가 되던 아르헨티나에서 결국 5월 9일, 심상치 않은 뉴스가 터져 나왔다. 아르헨티나가 IMF에 구제금융 요청을 한 것이다. 이때 뉴스의 핵심 이슈는 아르헨티나와 예전부터 안고 온 문제가 터진 것이지 '이머징의 다른 나라로 이전되지 않을 것이다.'라는 주장들이 설득력을 얻었다. 그리고 터키 정도가 망가질 것이기 때문에 걱정하지 않아도 된다는 논리였다. 그러나 나는 과연 이 나라만의 문제인가에 대한 의심을 하게 되었다. 그래서 꼬리 칸이 된 아르헨티나와 터키의 환율과 기준금리, 국채 금리를 찾아보게 되었고, 이런 나라들과 징후가 비슷한 나라들이 어떤 나라인지를 찾아봤다. 그리고 이를 〈머니투데이〉에서 5월 2일의 방송주제로 잡았다. 제목은 '이머징 펀드 투자 아직도 괜찮을까?'였다.

**[돈버는 트렌드] 이머징 펀드 투자 아직도 괜찮을까?**

**https://www.youtube.com/watch?v=v20OOp6-0jc&t=626s**

일단 이때의 상황을 아르헨티나부터 자세히 분석해보자. 아래의 차트를 보면 4월 26일, 갑자기 아르헨티나 페소가 달러대비 급등하게 된다. 그 이전까지는 평온하게 옆으로 횡보하다가 갑자기 변동성을 키운 것이다.

Published on Investing.com, 10/Sep/2018 - 13:33:51 GMT, Powered by TradingView.
**USD/ARS, 실시간FX:USD/ARS, D**

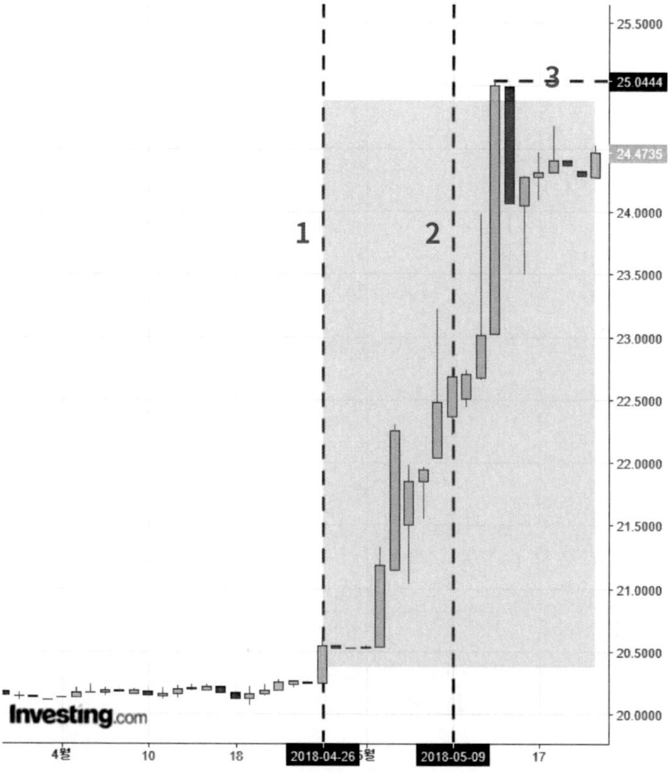

4월 26일부터 5월 14일까지 대략 20일간 달러대비 페소의 상승폭은 25%였다. 달러의 폭등 그 자체라 할 수 있다. IMF구제금융 신청은 5월 9일 지점 2에서 했는데 10% 정도 상승한 시점에서였다. 그 후에 달러는 더 올랐고, 15%가 그 짧은 3일 만에 추가로 오른 것이다. 달러의 강세가 아르헨티나뿐만 아니라 신흥국에도 문제가 될 수 있음을 경고한 느낌이 강하게 들 정도였다. 그중 1번 타자가 아르헨티나였을 뿐이다. 8월 중순이 되면서 달러대비 아르헨티나 페소는 30페소를 넘어서고 있다.

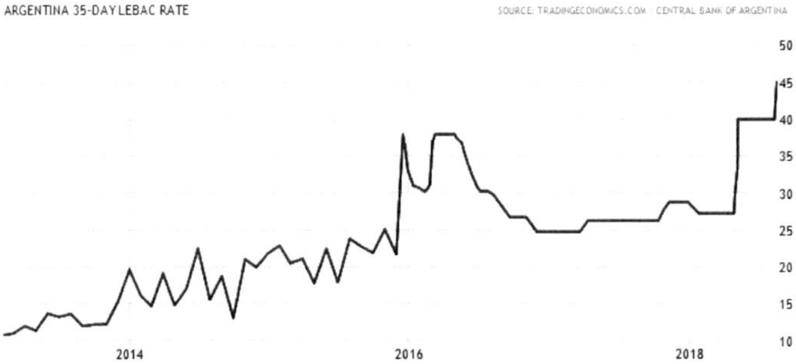


**아르헨티나 기준금리 45%, 이게 나라냐?**

위의 차트는 아르헨티나 중앙은행의 기준금리를 나타낸 것이다. 한 나라의 경제지표 중 가장 중요한 것이 바로 '기준금리'이다. 이유는 그 나라의 경제 상황을 잘 보여주기 때문이다. 2017년 3월, 아르헨티나 기준금리는 25%였다. 우리나라 1.5%에 비해서 16배가 넘는다. 우리나라 법정 최고금리가 24%인데, 아르헨티나 신용이 가장 좋은 사람들은 모두 대부업체 수준의 대출을 한다고 봐야한다. 신용이 좋지 않다면 사채를 쓰는 것이다.

그러나 더욱 놀라운 일이 생긴다. 5월 4일이 되자 40%가 되었다. 한 나라의 기준금리가 40%라는 건 이미 파산했다는 의미다. 그럼에도 불구하고 트럼프와 터키의 충돌은 더욱 더 달러 강세를 유도했고, 아르헨티나는 더는 버티기 힘들기 때문에 5%를 한 번에 올리는 무리를 하게 된다. 외국인 부채에 대해서 45% 이상의 이자를 줄 수 있을까? 45%의 의미는 원금을 갚지 않고 이자만 2년 상환해도 이자가 원금과 거의 같아지는 것을 말한다. 이러니 IMF에 구제 금융을 요청할 수밖에 없게 된다.

페소화 곤두박질…**아르헨티나, IMF** 구제금융 조기 집행 요청
경향신문 | A17면1단 | 2018.08.30. | 네이버뉴스
**아르헨티나**는 지난 6월 **IMF**와 **500억**달러를 '대기성 차관'(SBA) 방식으로 지원받기로 합의했다. **IMF**는 이 중 150억달러를 즉시 지원하고, 나머지 350억달러는 차후 지급할 예정이었다. 이 같은 조치는 **아르헨티나**의 부채...

아르헨-**IMF**, 3일 구제금융 조기지급 방안 논의 한국무역신문 | 7일 전
**아르헨티나**는 지난 6월 **IMF**와 **500억** 달러의 대기성 차관(SBA) 방식으로 지원받기로 합의했다. 당초 150억 달러를 즉시 지원받고, 나머지 350억 달러는 분기별로 **IMF**의 검토 및 승인과정을 거쳐 받는 방식이었다....

터키→**아르헨티나**發 신흥국 경제 불안 장기화되나
아시아경제 | 2018.09.02. | 네이버뉴스
◆ 8월 신흥국 시장 뒤흔든 터키·**아르헨티나** = 지난달 29일 **아르헨티나** 정부는 **IMF**에 구제금융 **500억** 달러(약 55조5750억원)을 조기에 집행해달라고 요청했다. **아르헨티나** 정부가 내년에 만기가 도래하는 부채를 상환하지...

IMF로부터 500억 달러(대략 56조 원)를 지원받기로 했는데 이것으로 어느 정도 버틸 수 있을지 모르겠다. 내년에는 더욱 어려운 상황이 될 것으로 보이는데 과연 500억 달러로 해결이 가능할까? 지금까지의 달러강세를 유지한다면 불가능하다. 당분간 아르헨티나는 돈 먹는 하마가 될 것이다.

**터키 대통령의 무개념 발언에 와타나베 부인들이 도망가다!**

차트를 보면 터키 리라 환율이 5개월 만에 45% 가량 상승했다. 이건 외국인 투자자들은 터키에 투자하기가 무서워진다는 의미이다. 환차손만으로 45%를 손해 볼 수 있는데 어떻게 터키에 투자할 수 있는가 말이다. 좀 더 쉽게 설명해보겠다.

미국인이 한국에 투자한다고 가정하자! 1달러=1000원일 때 100000달러를 원화 1억 원으로 환전해서 투자했다. 그런데 5개월 만에 1달러=1450원이 되었다. 그 8개월 동안 한국에서 주식에 투자해서 번 돈은 20%라고 한다면 1억 원(원금) + 2천만 원(주식 수익)이 된다. 그런데 이제 달러로 환전해야

한다. 1억 2천만 원을 1달러 당 1450원에 바꾸면 82760달러가 된다. 결국 한국에 투자한 미국인은 주식에서 20%를 벌었지만 환율까지 계산해보니 대략 20000달러의 손해가 있었다. 최종적으로 원금의 18%를 손해 본 것이다. 이것이 환차손이다.

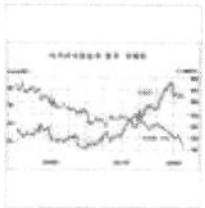

日 **와타나베 부인**, 이번엔 **터키** 리라화 폭격 오피니언뉴스 | 2018.05.23.

/그래픽=김현민 일본 **와타나베 부인**들이 또 글로벌 금융시장을 출렁이게 했다. 이번엔 **터키** 리라화다. **터키** 리라화는 23일 5%나 폭락했다. 리라화 환율은 영국 그리니치 기준시(GMT) 기준으로 전날 1달러당 4.6746에서 이날...

실제로 5월 23일, 고점을 만든 것은 일본의 와타나베 부인들이었다고 뉴스에 보도되었다. 챕터 10에서도 언급했지만 '와타나베 부인'은 중산층 이상의 부유한 이미지의 대표 격인 이들을 상징하는 사실상 개미투자자들이다. 일본은 기관자금이 해외투자를 많이 한다고 하지만 개인 자금도 상당한 액수로 투자가 이뤄지고 있다. 작년 12월과 올해에 상당히 많은 자산을 터키 리라와 터키 국채에 투자했다는 뉴스가 나오는데, 대출 이자가 거의 없는 일본에서는 개인들이 해외 환율이나 국채에 투자하는 경우가 상당히 많다.

터키의 국채 금리가 연 14%이므로 환율에서 손해만 나지 않는다면 상당한 수익을 1년에 낼 수 있기 때문에 매력적이라고 판단한 것이다. 그런데 터키가 환율에서 심상치 않은 모습들을 보이는 가운데 에르도안 대통령이 연설에서 고금리가 인플레이션 상승의 원인이라며 금리를 내리겠다고 발언한 것이다. 연설의 핵심은 "금리 인상은 모든 악의 아버지요, 어머니다."라는 발언이었다. 에르도안은 대선에서 승리하기 위해서 금리인상 시 좋지 않은 분위기의 금융시장을 만들고 싶지 않다는 의도에서 한 말이었다. 이런 말도 안 되는 연설을 들은 일본 와타나베 부인들은 이미 큰손해가 났음에도 불구하고 '빨리 빠져나와야 한다'는 일념으로 모두 매도한 것이다.

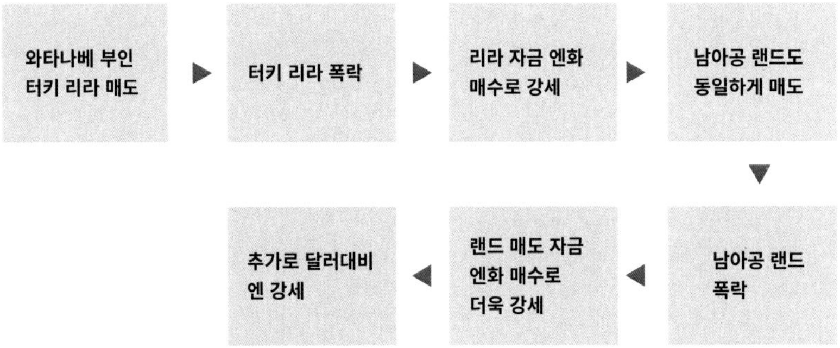


결국 하루 만에 리라화는 3% 빠지는 모습을 보였고, 이로 인해 엔화는 달러대비 더 강해진 모습을 보였다. 터키 리라화와 같이 신흥국 통화의 대표 격인 남아공의 랜드화도 일본 개인 투자자들이 던지면서 하락폭을 키우는 연쇄반응이 일어났다.

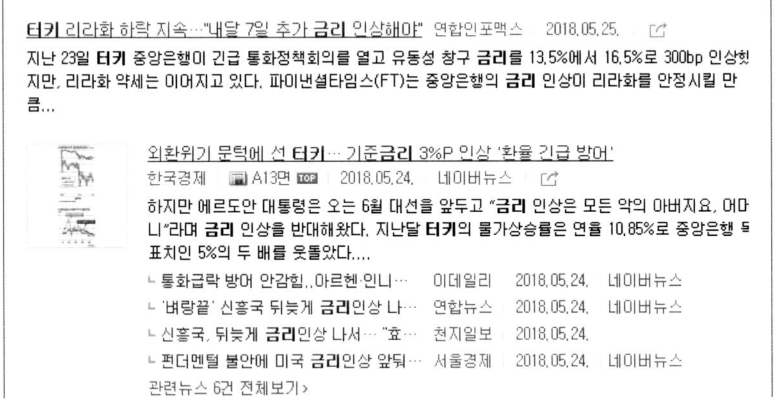

**터키** 리라화 하락 지속…"내달 7일 추가 **금리** 인상해야" 연합인포맥스 2018.05.25.

지난 23일 **터키** 중앙은행이 긴급 통화정책회의를 열고 유동성 창구 **금리**를 13.5%에서 16.5%로 300bp 인상했지만, 리라화 약세는 이어지고 있다. 파이낸셜타임스(FT)는 중앙은행의 **금리** 인상이 리라화를 안정시킬 만큼...

외환위기 문턱에 선 **터키**… 기준**금리** 3%P 인상 '환율 긴급 방어'

한국경제 A13면 TOP 2018.05.24. 네이버뉴스

하지만 에르도안 대통령은 오는 6월 대선을 앞두고 "**금리** 인상은 모든 악의 아버지요, 어머니"라며 **금리** 인상을 반대해왔다. 지난달 **터키**의 물가상승률은 연율 10.85%로 중앙은행 목표치인 5%의 두 배를 웃돌았다....

- 통화급락 방어 안감힘..아르헨·인니… 이데일리 2018.05.24. 네이버뉴스
- '벼랑끝' 신흥국 뒤늦게 **금리**인상 나… 연합뉴스 2018.05.24. 네이버뉴스
- 신흥국, 뒤늦게 **금리**인상 나서… "효… 천지일보 2018.05.24.
- 펀더멘털 불안에 미국 **금리**인상 앞둬… 서울경제 2018.05.24. 네이버뉴스

관련뉴스 6건 전체보기 ›

**터키**, 리라 추락에 대통령 반대에도 **금리** 인상 파이낸셜뉴스 | 2018.05.24. | 네이버뉴스

지난 15년동안 **터키**를 집권해온 에르도안 **터키** 대통령은 다음달에 있을 조기 대선과 총선을 앞두고 혼란이 발생하는 것을 막기 위해 **터키**중앙은행에 **금리**를 올리지 말 것을 요구해왔다. 이날 베키르 보즈다그 **터키**...

- **터키** 중앙은행 **금리** 300bp 인상…리… 연합인포맥스 | 2018.05.24.
- **터키** 리라, 기습**금리** 인상에도 3%… 연합인포맥스 | 2018.05.24.
- **터키**, 기습 **금리**인상 통화급락 간신… 파이낸셜뉴스 | 2018.05.24. | 네이버뉴스

에르도안 대통령의 선거용 발언은 결국 비난만 받고 철회되었고, 긴급 통화정책위원회를 소집하고 기준금리 성격의 금리 중 하나인 후반 유동성 창구 금리를 13.5%에서 16.5%로 인상시켰다. 일단 환율을 안정시켜야 하는 급박한 상황이었기 때문에 금리를 한 번에 3% 올린 것이다.

위의 차트는 그토록 일본 개인 투자자들이 매력적으로 느낀 터키 국채 10년물이다. 14%대의 금리였지만 15%로 뛰어오르고 IMF구제금융 조짐이 보이는 상황에서 매도할 수밖에 없었던 상황이었다. 작년 9월 10%대에서 15%까지 상승했으니 국채 가격도 상당히 많이 하락했을 것이라는 예상이 가능하다. 여기다 환차손까지 생각하면 이는 엄청난 손해를 본 것이다.

사실 환율차트를 보면 그 이전부터 환율방어 차원에서 금리를 점진적으로 인상하는 모습을 보였어야 했다. 특히 정치적으로 환율방어를 위해 힘쓰고 있다는 이미지만 보여줘도 이 정도까지는 가지 않았을 것이다. 에르도안 대통령에 대한 신뢰가 완전히 바닥에 떨어졌다는 것도 환율과 국채금리를 보면 알 수 있다. 이런데 증시가 좋을 리 있겠는가?

문제는 이로 인해 터키 주변국들 즉, '동유럽 위기설'이 같이 나오고 있다는 것이다. 사실 제품에 하나가 문제 있으면 다른 것도 문제가 없는 지 자꾸 확인하게 되면서 안보이던 문제점이 보이게 된다. 그러므로 터키가 이상 징후가 없었을 때는 그냥 좋았던 나라들로 평가를 받았는데 이를 계기로 자세하게 살피게 된다. 결국 터키 주변 동유럽 국가들에서 그런 심각한 문제가 발견되면 그 나라 시장에서 매도하고 이탈하게 되는 상황이 벌어진다. 대표적으로 폴란드와 헝가리가 있다.

**폴크루그먼의 신흥국 위기 발언은 중요한 경고**

5월 말 가장 핫 이슈는 폴 크루그먼 발언의 '신흥국 위기는 1990년대와 닮은 꼴'이다.

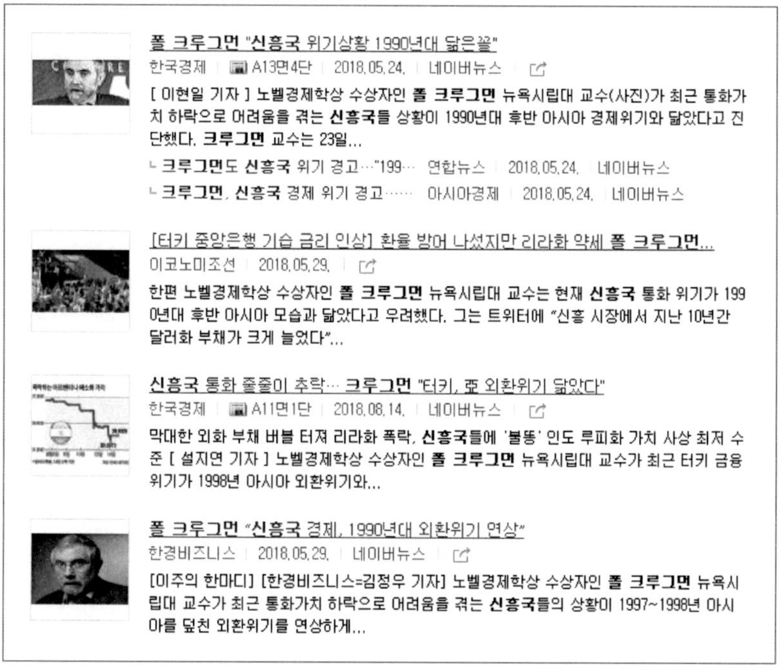
폴 크루그먼 "신흥국 위기상황 1990년대 닮은꼴"
한국경제 | A13면4단 | 2018.05.24. | 네이버뉴스

[ 이현일 기자 ] 노벨경제학상 수상자인 폴 크루그먼 뉴욕시립대 교수(사진)가 최근 통화가치 하락으로 어려움을 겪는 신흥국들 상황이 1990년대 후반 아시아 경제위기와 닮았다고 진단했다. 크루그먼 교수는 23일...

ㄴ 크루그먼도 신흥국 위기 경고…"199… 연합뉴스 | 2018.05.24. | 네이버뉴스

ㄴ 크루그먼, 신흥국 경제 위기 경고…… 아시아경제 | 2018.05.24. | 네이버뉴스

[터키 중앙은행 기습 금리 인상] 환율 방어 나섰지만 리라화 약세 폴 크루그먼...
이코노미조선 | 2018.05.29.

한편 노벨경제학상 수상자인 폴 크루그먼 뉴욕시립대 교수는 현재 신흥국 통화 위기가 1990년대 후반 아시아 모습과 닮았다고 우려했다. 그는 트위터에 "신흥 시장에서 지난 10년간 달러화 부채가 크게 늘었다"...

신흥국 통화 줄줄이 추락… 크루그먼 "터키, 亞 외환위기 닮았다"
한국경제 | A11면1단 | 2018.08.14. | 네이버뉴스

막대한 외화 부채 버블 터져 리라화 폭락, 신흥국들에 '불똥' 인도 루피화 가치 사상 최저 수준 [ 설지연 기자 ] 노벨경제학상 수상자인 폴 크루그먼 뉴욕시립대 교수가 최근 터키 금융위기가 1998년 아시아 외환위기와...

폴 크루그먼 "신흥국 경제, 1990년대 외환위기 연상"
한경비즈니스 | 2018.05.29. | 네이버뉴스

[이주의 한마디] [한경비즈니스=김정우 기자] 노벨경제학상 수상자인 폴 크루그먼 뉴욕시립대 교수가 최근 통화가치 하락으로 어려움을 겪는 신흥국들의 상황이 1997~1998년 아시아를 덮친 외환위기를 연상하게...

2008년 5월 25일, 노벨경제학상 수상자 폴 크루그먼은 자신의 트위터에서 터키와 아르헨티나를 언급하며 1990년대 아시아 외환위기 당시와 닮았다는 의견을 피력했다. 1990년대 신흥국의 위기는 동아시아 외환위기가 대표적이다.

1990년 일본자산 버블 붕괴 ▶ 1994년 멕시코 외환위기 ▶ 1997년 아시아 외환위기 ▶ 1998년 러시아 모라토리엄 ▶ 2000년 닷컴 버블

태국으로부터 시작한 동남아 위기는 한국까지 IMF국제금융을 받게 하는 상황으로 번졌다. 여기다 1998년 아시아 외환위기는 결국 러시아의 모라토리엄 선언까지 하게 된다. 이때 그 유명한 LTCM 헤지펀드(롱텀캐피탈 메니지먼트라는

헤지펀드가 러시아 국채에 투자하여 수익을 내던 중 러시아가 모라토리엄 선언을 하며 부도가 난다. 세계최대의 헤지펀드였기 때문에 이들의 부도는 곧 금융위기를 걱정해야할 만큼 충격이 컸기 때문에 미국 연방 준비 제도와 월가의 투자은행들이 나서서 수습하며 마무리된다.-위키백과 [롱텀캐피털 매니지먼트] 참고)가 망하게 되는 원인이 된다. 이러한 연쇄적인 위기의 원인은 복잡하지만 그 근본적인 원인은 간단하다. 금융규제가 완화되면서 동아시아에 많은 자금이 투입되었고, 이로 인한 상당한 발전이 있었으나 결국 경제순환의 종점에 도달한 글로벌 경제는 약한 고리인 신흥국에서 외국인이 투자한 돈을 빼면서 일어났고, 이게 위기의 도화선이 되어 글로벌 전반으로 퍼져나가는 상황이 된 것이다. 폴크루그먼은 결국 1990년대의 이 모습과 최근 5월부터 나타난 신흥국의 모습이 매우 유사하다는 것을 지적한 것이다. 

왜 닮았는지 도식화를 보면 쉽게 이해할 수 있다. 다음과 같은 세 가지 이유로 인해 신흥국은 금리인상을 할 수 밖에 없다. 그 이유는 당연히 외국인들에게 매력적인 이자를 제시해야 다시 들어오기 때문이다. 그래서 환율방어에 일시적으로 성공한 듯 보이겠지만 이는 금융위기 이후 10년간 누적된 부채문제가 터질 수밖에 없게 된다.

1990년대와 차이점은 그때보다 지금이 더 글로벌화된 금융 시장이라는 점을 들었다. 즉, 폭탄의 심지가 이전보다 더 불을 붙였을 때 빠르게 타서 폭탄의 뇌관을 칠 수 있다는 것이다. 그리고 이 폭탄이 터지면 다른 나라의 폭탄도 빠르게 터지면서 반응할 수 있다는 것이 그때와 다른 점이다.

폴 크루그먼이 말하는 신흥국은 어디일까? 최근 2년 정도를 보면 아시아 이머징 펀드의 수익률은 매우 매력적이었다. 그리고 올해도 어김없이 금융전문가들은 아시아의 이 나라 저 나라에 대한 펀드를 추천했다. 당연히 올해도 좋을 것이라는 전망이 기대감을 불러 일으킬만하기 때문이다. 그러나 6개월도 채 지나지 않아 위기설이 나온 것이다.

### 삼성 아세안증권자투자신탁제2호 [주식] S

| 유형 | 해외주식형 | 총보수 | 연 1.31% | | | | 3M | -7.07% |
| 규모 | 대형급(3,117억원) | 유입액(1M) | ▼83.37억원 | 낮은 위험 | | 제로인 | 6M | -13.30% |
| 기준가 | 1,182.80 ▲1.58 (0.13%) | 판매액(1M) | ▲0.03억원 | | | | 1Y | -6.44% |
| | | | | | | | 3Y | 22.79% |

### NH-Amundi Allset 아세안플러스증권투자신탁1호 [주식] S

| 유형 | 해외주식형 | 총보수 | 연 1.275% | | | | 3M | -10.44% |
| 규모 | 소형급(222억원) | 유입액(1M) | ▼0.11억원 | 다소높은위험 | | 제로인 | 6M | -13.39% |
| 기준가 | 934.75 ▲8.16 (0.88%) | 판매액(1M) | ▲0.01억원 미만 | | | | 1Y | -7.26% |
| | | | | | | | 3Y | 11.67% |

### KB 아세안증권자투자신탁 (주식) S

| 유형 | 해외주식형 | 총보수 | 연 1.24% | | | | 3M | -10.43% |
| 규모 | 초소형급(70억원) | 유입액(1M) | | 다소높은위험 | | 제로인 | 6M | -15.04% |
| 기준가 | 990.14 ▲4.91 (0.50%) | 판매액(1M) | ▲0.02억원 | | | | 1Y | -4.53% |
| | | | | | | | 3Y | 9.16% |

이것은 동남아 증시에 투자하는 펀드의 대표들인데 2~5월까지 5~7% 하락을 보이던 펀드들이 8월 들어 5~10%의 마이너스 상태이다. 이 펀드에 투자하는 나라들은 인도네시아와 필리핀 그리고 인도, 베트남 등이었다. 나는 여러 강의에서 올해 좋다는 전망이 많았던 이런 나라들이 매우 힘들어질 것이라는 얘기를 종종 했었는데, 수강생들의 질문 중에

가장 많았던 것은 '어떻게 그 나라들이 불안하다는 것을 먼저 알 수 있었냐?' 였다.

그 질문자 중에는 '베트남처럼 상당한 경제성장률을 보이며 자금 유입이 잘 되고 있는 나라들까지 모두 그렇게 평가하는 것은 잘못된 것이 아닌가?'라는 반박도 있었다. 필자는 아르헨티나와 터키뿐만 아니라 이런 아세안 국가들이 힘든 것은 그들의 경제성장률이 나쁘다기 보다는 미국의 긴축으로 인해서 달러의 본국송환에 초점을 맞췄던 것이라고 답변했다. 즉, 아무리 경제가 좋아도 결국 이머징이나 프론티어급의 국가경제이기 때문에 높은 파도는 방파제로 막을 수 있으나 '쓰나미에는 아무리 좋아 보이는 방파제도 소용이 없다'라는 것을 금융위기의 역사에서 배울 수 있었기 때문이다.

결국 달러인덱스가 상승하는 국면에서 자국화폐의 가치가 쉽게 하락하지 않는 국가들은 그나마 증시의 하락조정이 덜하겠지만 반대로 자국화폐가치가 폭락하는 모습을 보일 수 있는 나라들은 백퍼센트 증시가 폭락한다는 것은 예고된 것이었기 때문이다. 특히 2017년, 미국의 금리인상이 3번 있었음에도 불구하고, 달러의 약세로 이머징 중 금리를 내린 나라들이 2018년도가 되면서 달러의 강세와 금리인상이 같이 나타나면서 폭락한 것이다. 결국 호시절이 가니 혹독한 눈바람이 불어들었고, 미리 대비를 하지 않았던 나라들이 당한 것이다.

필자는 이런 불안이 부각되기 전에 특히 경제기사에서 매우 좋다고 뉴스가 나왔을 때부터 이런 나라들을 모니터링을 했었는데 환율과 기준금리에서 이상함을 느꼈고, 포트폴리오에 절대 편입하지 말아야 할 나라로 강의와 유튜브, 증권방송에서 설명했었다. 상반기 필자자 아시아 이머징에서 가장 안정적으로 보는 나라는 한국과 중국이었다. 이유는 간단했다. 달러가 강한데 위안화와 원화는 더 강했기 때문이다. 그러나 한국도 1100원대로 올라서면서 증시의 조정을 받았는데, 코스피는 2500P를 내주고 2200P대 초반까지 하락하는 상황이 벌어졌다. 오히려 중국은 더 심각했다. 미중무역전쟁까지 겹쳐지면서 힘들어졌기 때문이다.

위의 달러/위안 환율과 상하이종합지수 차트를 보면 1번 청색 박스처럼 달러 대비 6.25위안까지 하락하며 환율이 강

했었는데 5월 15월 박스권을 이탈하면서 환율이 10%나 급등하는 상황을 연출했다. 중국은 미중 무역 전쟁이 확대되자 위안화 가치가 빠르게 하락함에도 정부가 적극적으로 환율방어를 하지 않아서 폭락하게 된 것이다. 이는 증시에 악영향이 될 수밖에 없었는데 2번 청색 박스를 보면 가파르게 하락하는 것을 볼 수 있다. 사실 중국 상해종합지수는 2018년 2월부터 지속적인 하락으로 6개월간 대략 30%가까이 하락한 상황이다.

이처럼 잘 버티던 한국과 중국도 환율의 가파른 상승으로 외국인들이 금융시장에서 이탈하며 폭락을 맞이한 것이다. 달러의 위력은 이렇게 가파른 금리인상으로 글로벌 달러를 흡수할 때 공포를 극대화 하는 효과가 있다.

**문제가 되는 나라의 환율과 금리 패턴**

**라인하트** 하버드대 교수 "신흥시장, 금융위기 때보다 불안"

연합뉴스 2018.05.17. 네이버뉴스

17일 블룸버그 통신에 따르면 하버드 대학의 경제학자 **카르멘 라인하트** 교수는 이 통신과의 인터뷰에서 신흥시장국의 부채 확대, 교역 조건 악화, 글로벌 금리 인상 추세, 성장률 정체 등을 우려의 근거로 제시했다....

[신흥국 세 번째 위기설(說)] 신흥시장 자본유출 급증…위기의 신호탄일까

이코노미조선 2018.05.29.

**카르멘 라인하트** 하버드대 경제학과 교수는 최근 블룸버그와의 인터뷰에서 '신흥국발(發) 세 번째 위기'를 경고했다. 라인하트 교수는 "신흥시장이 처한 전반적인 상황이 과거 금융위기 때보다 나쁘다"면서...

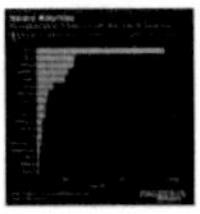

블룸버그 "신흥시장 스트레스 조짐…채권 270조원 만기도래"

뉴시스 2018.05.23. 네이버뉴스

**카르멘 라인하트** 하버드대학 교수는 신흥시장의 부채 규모가 빠른 속도로 쌓이고 있다면서 이 지역의 금융상황이 2008년 글로벌 금융위기나 2013년 테이버 탠트럼 당시 때보다 더 위험한 수준으로 치닫고 있다고...

ㄴ 블룸버그 "신흥시장 스트레스 조짐…… 한국무역신문 2018.05.23.

2018년 5월 17일, 《이번엔 다르다》의 공동저자이자 하버드 경제학과 교수 카르멘 라인하트는 블름버그와의 인터뷰에서에서 신흥시장이 금융위기 때 보다 불안하다는 발언을 해서 이슈가 되었다. 라인하트 교수의 발언을 요약하자면 신흥국들의 달러부채 증가로 인한 충격이 나타나고 있다는 것이다. 특히 신흥국들이 지고 있는 부채의 3분의 2 이상이 달러화 부채이고 중국의 차입이 증가하면서 지금은 이보다 훨씬 크다고 주장했다.

이것이 왜 문제가 될까? 앞에서도 언급했지만 미국의 금리인상이 횟수를 거듭할수록 달러가 강세가 되고, 이는 상대적으로 달러로 돈을 빌린 나라들의 부채 원금이 상승하는 효과가 있기 때문이다. 라인하트는 이 부분에 대해서 '지난 10년간의 초 저금리로 차입의 인센티브가 많았다는 점에서 예상할 수 있었던 것'이라면서 "금리가 오르기 시작하고 달러화의 추세 역전이 재현된 지금에 와서는 취약성이 커지기 시작했다."라고 경고했다.

과거에는 대내 외 부채 간 경계가 있었지만 현재는 그 경계가 모호해지면서 달러 강세로 인한 충격은 훨씬 더 직접적으로 변한 것에 대해서도 지적했다. 라인하트 교수의 주장처럼 가장 전망이 밝았던 아시아 신흥국들이 내부사정에 의한 경제적 어려움 호소가 아닌 대외적인 충격에 의해서 순식간에 힘들어진 상황이 되었다.

## 2년간의 증시 랠리로 빛이 났던 인도네시아 금융위기 불안이 심해지다?

대표적으로 작년까지 긍정적 전망으로 넘쳐나던 동남아국가들이 어떻게 변했는지를 보면 쉽게 이해할 것이다. 5월에 빠르게 이상 징후를 보인 나라는 인도네시아였다. 인도네시아는 2016년, 2017년 증시는 매우 좋은 수익률을 달성하며 올해도 상당한 기대감을 가질 수 있는 전망들이 쏟아졌다.

인도네시아 IDX증시(上) VS 달러/루피아 환율(下)

차트를 통해 설명하자면 다음과 같다. 인도네시아 증시 차트(파란색 선)를 보면 28개월간 증시 대표지수인 IDX가 65%의 상승을 하며 분위기는 최고였다. 그러나 2월 넘어 3개월 만에 14% 내외로 하락하며 시장 투자자들에게 '뭔가 문제가 있는 것이 아닌가?' 라는 의문을 갖게 했다. 분명 많은 전문가들은 아르헨티나와 터키 같은 재정적자로 문제가 오래전부터 있던 나라들에 한정적인 리스크라고 설명했지만

123 인도네시아는 환율에서도 이상 징후를 보였다.

122페이지의 차트에서 두 개의 선을 비교해 보면 명확하게 알 수 있는데 달러 대비 인도네시아 루피아 환율(아래 흑색 선)이 하락할 때 증시(옆 페이지의 파란 색 선)는 상승했다. 가끔 투자에 대해서 기초 지식만 알고 있는 분들이 '왜 이렇게 되는지'에 대해서 자주 질문하신다.

'금리를 인하했는데 어떻게 달러보다 강해질 수 있는가? 금리가 곧 돈의 가격이니 인도네시아 루피아는 하락해야하는 것이 아니냐?'는 것이다. 반대로 '미국은 세 번의 금리인상에도 어떻게 달러를 약하게 할 수 있느냐?'는 반문도 나올 수 있다. FOMC와 미 정부의 의지로 달러를 약하게 할 수 있는 조건들을 만들어 놓고, 미국 연방은행의 기준금리를 올리기 때문에 가능했던 일이다. 시장은 그들의 언론 플레이에 신뢰를 보냈기 때문에 그들의 선제적인 언론 플레이는 2008년 금융위기 이후 제대로 먹혀 들어갔다고 볼 수 있다.

**인도네시아 기준금리 VS 미국 기준금리**

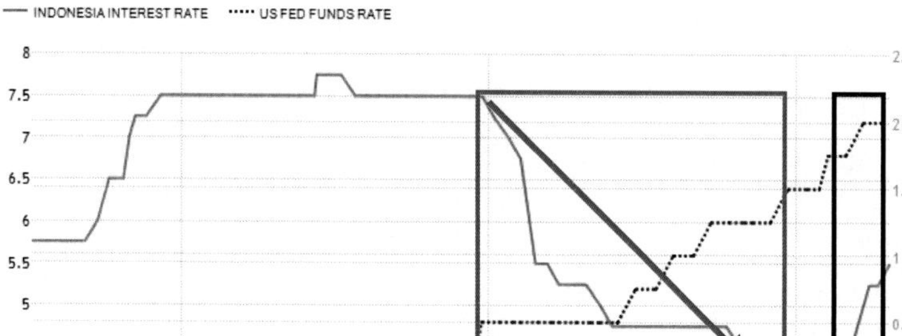


위의 기준금리를 보며 알아보면 좀 더 리 이해할 수 있을 것이다. 왼쪽박스의 미국 기준금리(점선)와 인도네시아 기

준금리(실선)를 비교하면 2016년 이후 반대로 움직이는 것을 알 수 있다. 즉, 2016년부터 2년간 인도네시아는 기준금리를 7.5%에서 4.25%까지 내렸고, 그 기간 동안 미국은 0.5%에서1.5%까지 상승시켰다. 이런 상황에서 글로벌 달러의 가격은 오히려 많이 하락한 상황에 있었기 때문에 인도네시아 루피아가 상승할 수 있었다. 그러니 달러 자금들은 인도네시아의 증시에 투자할 만한 기초 조건들이 충족되었고, 이는 편안하게 인도네시아에 투자할 만한 여건을 만들어 준 것이다. 그래서 2년간 65%라는 폭등을 일으켰다.

그러나 인도네시아 증시와 환율차트를 봐서도 알겠지만 달러의 강세로 인도네시아 루피아는 빠르게 절하되었고, 환차손에 대한 부담으로 증시는 빠르게 폭락하였다. 지금도 IDX 증시차트는 하락추세에서 벗어나지 못하고 있다. 또한, [인도네시아 기준금리 VS 미국 기준금리]의 차트에서 흑색 박스를 보면 알겠지만, 5월부터 인도네시아는 급하게 금리를 인상시켜 3개월이 채 안 되는 기간에 1.25%를 올렸다. 그럼에도 불구하고 [인도네시아 IDX증시(上) VS. 달러/루피아 환율(下)] 차트를 보면 환율은 하락할 줄 모르고 상승하고 있다. '기준금리를 인상하여 방어해도 달러가 강세로 방향을 잡았다면 웬만해서는 막을 수 없다'는 무서움을 알게 된 것이다. 투자자들은 그런 면에서 섣불리 인도네시아 증시로 들어가기 힘들어 한다. 트럼프의 몽니가 다시 한 번 일어나 달러 강세를 더욱 부추긴다면 이렇게 약한 고리의 국가들은 매우 위험해질 수 있기 때문이다.

Published on Investing.com, 11/Sep/2018 - 11:04:02 GMT, Powered by TradingView.
인도네시아 10년, 인도네시아, 자카르타:ID10YT=RR, D

위의 차트는 인도네시아 10년물 채권 금리이다. 루피아가 강세로 가면서 증시만 오른 것이 아니다. 인도네시아 채권 가격도 폭등한다. 금리가 9.77%에서 6%대까지 하락했기 때문이다. 그러므로 기업들은 이전보다 낮은 금리로 돈을 빌려 설비투자를 더 늘렸을 것이고, 이는 증시의 상승도 이끌었을 것이다. 즉, 윈윈(Win-Win)의 효과가 일어난 것이라 할 수 있다. 그러나 미국 채권금리가 2018년 들어서 상승하기 시작했고, 5월의 동아시아 국가들의 폭락시기에 인도네시아 채권금리도 급등하는 현상을 보였다.

지금은 2년간의 금리 하락분의 중간에 와있지만 앞으로 루피아가 달러 대비 더 약해진다면 채권금리도 급등하게 될 것이다. 그 이유는 간단하다. 기준금리의 영향으로 시장금리는 상승하기 때문에 외국인 들은 증시에서도 매도하지만 채권도 매도할 수밖에 없기 때문이다. 돈을 빌리기 힘들어졌는데 공장은 잘 돌아갈까? 이자부담이 만만치 않은 상황이 앞으로 벌어질 수 있다는 것이다. 이처럼 환율은 증시와 채권금리에 매우 깊게 영향을 끼치고 있다.

**닭 잡는데 소잡는 칼을 써라! 아니면 아무것도 못 잡는다!**

《논어(論語)》 양화편(陽貨篇)에서 공자가 무성이라는 작은 고을에 방문했을 때 그 고을을 다스리던 자유(공자의 제자)에게 이렇게 물어본다.

“할계, 언용우도(割鷄, 焉用牛刀)?”

‘이는 어찌 닭을 잡는데 소를 잡는 칼을 쓰느냐’는 의미이다. 이 말이 나오게 된 배경은 공자에게 배운 예악(禮樂)을 작은 고을에 있는 백성들에게 가르치며 교화하고 있었기 때문이다. 이 예악은 궁중에서 국가를 다스릴 때 하는 일이었기 때문에 작은 고을에서 백성들을 대상으로 가르치는 게 이상했던 것이다. 그러자 자유는 ‘군자가 도를 배우면 사람을 사랑하고, 소인이 도를 배우면 부리기가 쉽다.’라고 자가 만족할 만한 답변을 한다. 쉽게 말해 스승님에게 배운 대로 도(道)로서 고을의 백성들을 가르치고 있다는 답변을 하며 충실하게 고을의 수장노릇을 하고 있다는 의미이다. 공자는 안타까운 마음에 이 말을 했는데, 자유는 이렇게 작은 고을이나 다스릴 인물이 아니라 나라를 다스릴 만한 큰 인물이라는 평가를 한 것이다.

지금은 '작은 일을 처리하는 데 큰 인물의 손을 빌릴 필요가 없다'는 의미로 바뀌어 사용되지만 '오히려 작은 칼을 써도 될 일에 좀 더 확실하게 큰 칼을 사용하는 것도 맞다'라는 의미로도 해석이 가능하다. 이는 금융시장에서도 통하는 얘기이다.

인도네시아는 금리를 인상하지 않고 증시의 상승을 더 연장하기 위해서 외환보유고에서 60억 달러를 활용해 환율을 방어했지만 오히려 더 환율이 상승하는 역효과만 나면서 결국 금리인상을 하게 되었다. 작은 칼(외환보유고)로 해결해보려 했지만 결국 큰 칼(금리 인상)을 빼들 수밖에 없었던 것이다.

"외환보유고가 많아지면 환율이 안정되지 않나요?"

가끔 이런 질문을 하시는 분들이 있다. 그러나 내가 경험한 10년 동안을 보면 이건 이머징국가들 중 규모가 크지 않은 나라에서는 큰 의미가 없다. 특히 인도네시아와 같은 중진국들은 이런 글로벌 달러 강세에 매우 취약할 수밖에 없다. 결국 금리를 올려서 더 많은 이자를 줄 테니 나가지 말라는 강력한 메시지를 날리기 전까지는 큰 의미가 없다. 위의 상황처럼 미국의 달러 강세가 심상치 않았을 때에는 처음부터 과감하게 금리인상으로 대응하는 것이 좋을 수 있다. 그렇지 않으면 오히려 더 크게 당하는 상황이 발생하기 때문이다. 그래서 인도네시아는 5월 17일 0.25%, 13일 후인 5월 30일에 또 0.25%를 상승시킨 후 6월 29일에는 기준금리로 사용되는 7일물 역환매조건부 채권금리를 4.75%에서 5.25%로 0.5%를 한 번에 올렸다. 즉, 한 달여 만에 1%의 금리를 올린 것이다. 이 덕분에 인도네시아 증시는 안정을 찾고 7월 들어 반등하는 모습을 보였다. 

그러나 8월에도 트럼프의 몽니는 계속되고 터키의 불안은 더욱 고조되자 직접적으로 영향권에 없는 인도네시아 환율이 또 상승하면서 8월 들어 다시 한 번 금리인상을 단행한다. 그만큼 미국의 달러 강세에 취약하다는 것을 알 수 있다. 그래서 '작은 칼이 아니라 큰 칼로 대응해야한다'는 것이다. 특히 미국 달러는 닭 잡는 칼이 소용이 없는, 요즘은 소 잡는 칼도 쓸모가 없어 보이는 상황이 된 것이다.

그렇다면 왜 '외환보유고가 상승했으니 금융이 안정되었다고 하며 그 나라 증시는 상승하는 것'일까? 이는 간단하다. 글로벌 시장이 좋은 가운데 이 나라의 외환보유고 마저 좋다는 이슈가 환율의 변동성이 크지 않다고 판단하는데 투자자들에게는 좋은 지표가 되기 때문이다. 그러나 이런 작은 나라들에서 외환보유고가 획기적으로 증가한다고 해도 지금처럼 달러의 유동성 축소가 확연이 나타나는 시기에는 의미가 없다.

이건 단지 경제규모가 작은 나라에만 국한 되는 일이 아니다. 중국은 2016년, 위안화 약세를 막기 위해 외환보유고를 3조 달러 중 1조 달러(1000조 원)를 쏟아 부었지만 일시적일 뿐 계속 약해졌다. 이는 외국인뿐만 아니라 내부의 자금이 밖으로 유출되는 사태까지 같이 일어났기 때문이다. 1조 달러라는 엄청난 돈을 씀에도 불구하고, 위안화 절하를 막는데 상당히 애를 먹은 것이다. 그런데 한국도 4000억 달러 정도이고 인도네시아는 우리나라의 10분의 1정도 밖에 되지 않는데 방어가 가능하다는 것은 하룻강아지 범 무서운 줄 모르는 격이라 할 수밖에 없다.

## 129 필리핀도 다르지 않다. 결국은 환율과 금리다!

인도네시아에서와 같은 논리로 보면 아래의 차트에서도 알 수 있듯이 증시와 환율은 역의 상관관계를 갖는다는 것을 알 수 있다. 청색 화살표의 방향이 둘의 관계를 좀 더 명확히 알려준다.

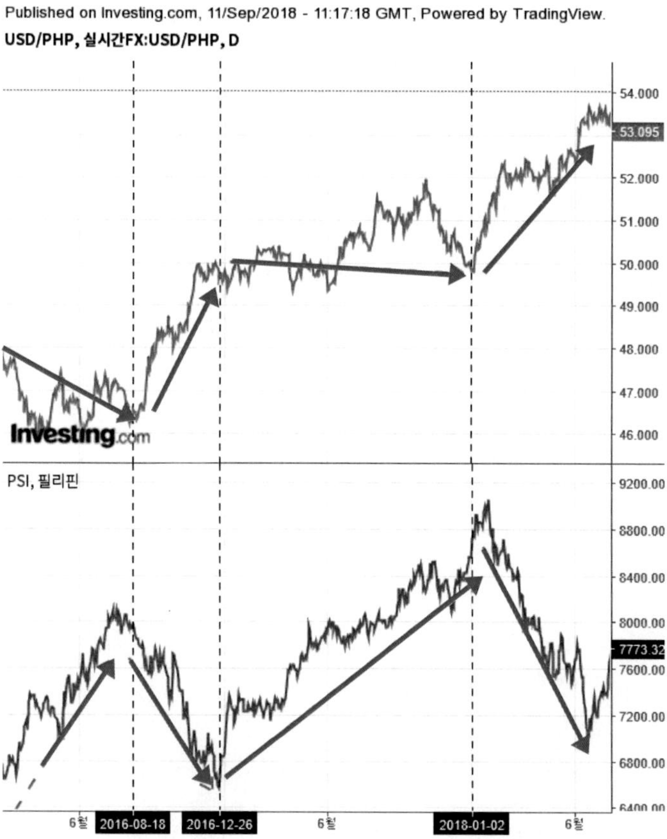

2016년 이후 기준금리(청색 선)를 보면 급격하게 하락하는 것을 볼 수 있다.

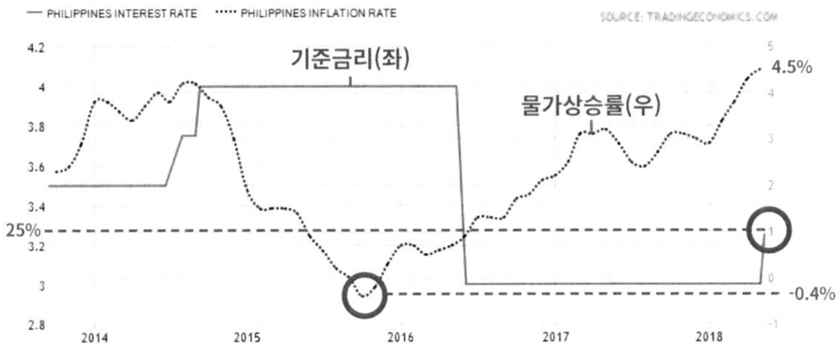


그 이전에 물가상승률이 마이너스 0.4%였다는 것을 참고해보면 금리를 하락시켜 인플레이션을 상승시키려한 것이다. 그리고 이는 달러의 약세로 인해 성공한다. 기준금리는 3%에서 낮게 깔려서 2018년도까지 이어진다. 그때 마이너스이던 인플레이션은 4.5%까지 상승하며 증시에는 긍정적인 분위기를 조성한다. 그러나 필리핀 페소의 폭락은 금리를 올릴 수밖에 없는 상태를 만들었고, 증시에 조정이 가해진 것이다. 앞으로도 달러의 강세가 지속된다면 이는 더 빠르게 금리를 인상할 수밖에 없는 인도네시아와 다르지 않을 것이다.

이처럼 자국의 경제성장률이 좋다던가, 외환보유고가 많다던가 하는 이유는 경제가 살짝 주춤할 때는 버틸 수 있으며 안전벨트 역할을 한다. 그러나 지금은 경제위기를 걱정해야 하는 상황이며, 이는 바람으로 비유한다면 강풍이 아니라 사상초유의 태풍이다. 아무리 단단한 줄로 묶어놓은 집이라도 쓸려나가는 건 어쩔 수 없다는 의미다.

특히 이런 신흥국들의 경제성장은 결국 수출로 이뤄진 것이 대부분인데 수출한 물품을 소비해주는 나라가 힘들어진다면 이런 나라들은 경제성장률이 하락하고 외환보유고도 빠르게 축소되는 경향이 있기 때문이다. 쉽게 말해 '물건만 많이 만들면 뭐하나? 소비를 할 사람이 없는데'라는 푸념으로 정리가 가능하다.

**한국 수출 증가율**

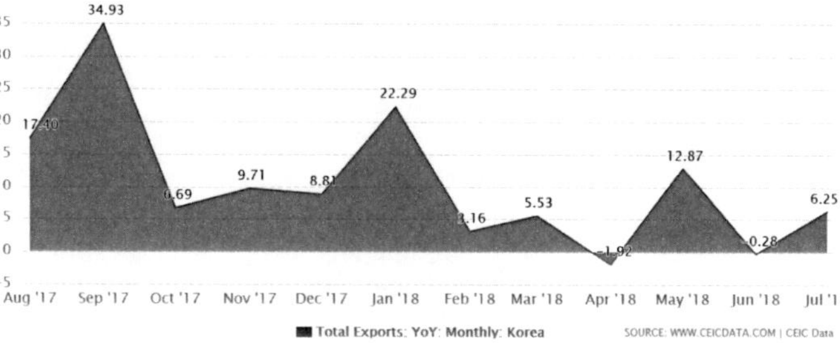


2018년 들어 한국의 경제가 상당히 빠르게 어려워지고 있는데 가계부채도 문제지만 실업률이 상승하고 있기 때문이다. 위의 차트는 전년 동기대비 한국의 수출 증가율이다. 작년 8월부터 꾸준히 하락하는 것을 볼 수 있는데, 7월에 6.2%로 상승하면서 그나마 마이너스에서 탈출하는 모습을 보이고는 있지만 추세적으로 꾸준히 하락하고 있어 우려를 낳고 있다. 한국의 수출관련 지표는 전 세계 전문가들도 꼭 보는 중요한 경제지표인데, 한국의 수출성적이 축소된다면 이는 글로벌 경제가 어렵다는 것이고, 그렇게 된다면 시장은 폭락도 올 가능성이 있다는 것을 의미한다. 그래서 한국을 '글로벌 경제의 카나리아'라고 한다.

수출에 일가견이 있는 한국도 힘든데 다른 신흥국들도 그 파장이 커질 것이고, 이에 대한 대비를 한다는 것이 자국의 통화가치가 폭락하지 않게 방어하기 위해서 금리인상을 해나갈 수밖에 없다. 그렇게 된다면 증시와 부동산에 타격을 입을 수밖에 없게 된다는 결론에 이른다. 그래서 위와 같은 나라들은 최대한 금리를 올리지 않고, 경기부양을 위한 완화적인 저금리 정책을 폈던 것이다. 이런 신흥국들은 '지구라는 설국열차의 꼬리칸 쪽에 있다'고 보면 된다. 그러나 점점 앞 칸으로 위기는 번져나갈 것이고, 선진국이라는 가장 앞쪽 칸까지 타격을 받을 것이다. 이런 상황에서도 이머징펀드에 투자를 하고 있다면 매도시기를 판단해야할 때라고 생각된다.

**중국 위안화와 원화는 동조화 현상을 보이고 있다!**

동남아시아 국가들이 달러에만 영향을 받는 것이 아니라 중국 위안화에도 영향을 받고 있다. 이유는 간단하다. 미국도 큰 시장이지만 수출국가 입장에서 중국은 더 큰 시장이기 때문이다. 그리고 중국은 수출국가로서 경쟁자이기도 하다. 그러므로 중국의 위안화 절하는 수출 경쟁 국가로서 가격 경쟁력에서 뒤처지는 것이기 때문에 이를 시장 투자자들이 환율에 반영하는 것으로 보인다. 최근 미중 무역 전쟁이 격화되면서 나타나는 현상이라 할 수 있다. 그런데 달러대비 강세를 보이며 1100원 밑에서 버티던 원화가 움직이기 시작한 것은 매우 의아했던 일이다. 그러나 서두에 언급했듯이 중국 위안화의 절하는 한국 수출에 타격을 줄 수밖에 없을 것이다.

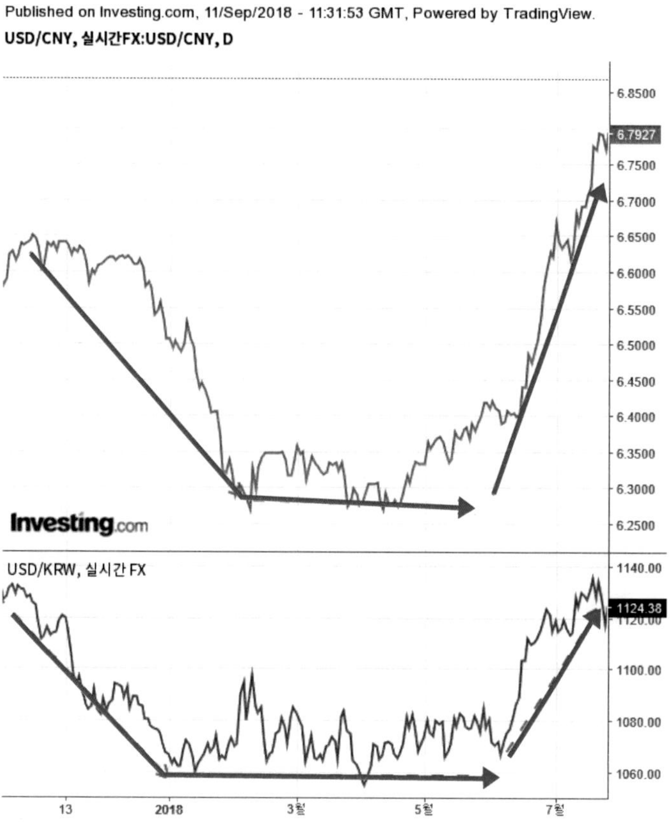


위의 차트에 대해 설명하자면 상단은 달러/위안 환율이고, 하단은 달러/원 환율이다. 이를 비교해보면 달러에 대해서 비슷하게 움직이는 것을 알 수 있다. 이 부분만 보면 문제가 되지 않는다. 그러나 한국 입장에서 대중 수출과 그 이외 큰 시장의 수출비중을 알고서 본다면 문제가 될 수 있다. 특히 위안/원 환율까지 같이 비교해서 본다면 더욱 그렇다.

2018년 상반기 중국 수출 비중은 27%대를 웃돌았다. 반면에 미국, EU, 일본 수출 비중의 합계는 26.3%로 중국보다 낮았다. 즉, 중국이 한국에게는 매우 중요한 나라가 된 것이다.

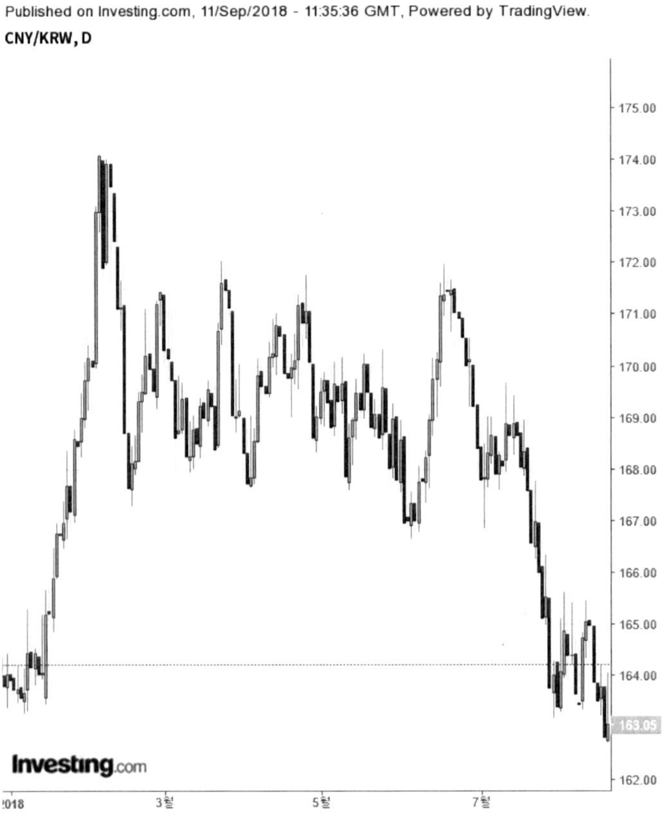


위의 차트를 보면 위안화가 2018년 2월에는 1위안 당 174원까지 비쌌었는데 지금은 163원으로 11원이 하락했다. 6%가 절하되었기 때문에 우리나라 입장에서는 불리할 수밖에 없다.

좀 더 쉽게 말해 위안/원 환율에서 위안화 약세로 인한 한국 원화의 강세는 중국소비자들 입장에서는 비싸 보일 수밖에 없고, 부담이 되는 것이다. 또한, 위안화보다 비싼 원화는 다른 나라에서도 가격 경쟁력을 잃을 수 있다. 그러므로 위안화가 절하되는 것만큼 원화도 절하를 해서 수출실적에 타격을 받지 않기 위해 노력해야 한다.

## 135 이머징에 다시 해가 뜨려면?

현재와 같이 미중무역 전쟁이 격화되는 것은 위안화의 약세를 유도하면서 다른 아시아 이머징들은 더 많이 절하해야 하고, 이는 외국인 투자자금이 유출되면서 증시와 채권시장에 타격을 주는 악순환을 계속할 수밖에 없다.

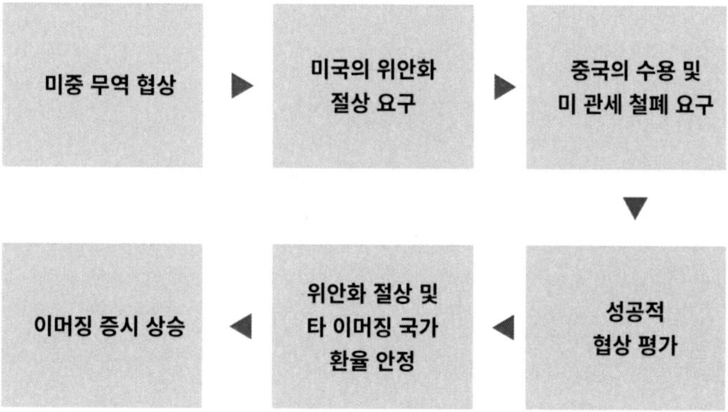


그러므로 미국과 중국의 무역협상이 원만하게 진행되고, 위안화가 다시 절상되어 정상적인 가격을 회복해야 다른 아시아 이머징 국가들도 폭락했던 통화가 절상되면서 외국인 투자가 다시 증가하는 현상이 벌어지면서 폭락했던 증시도 상승할 것이다. 반대로 협상이 잘 되지 않는다면 달러 대비 위안화는 7위안을 넘어서 상승할 것이고, 이는 아시아 이머징 국가들에 큰 타격이 될 것이다.

마무리 하자면 미중무역 전쟁과 같은 글로벌 경제뉴스는 증시보다는 환율과 채권금리를 봐야 심각성을 이해할 수 있다. 그리고 증시가 환율과 채권금리에 따라서 어떻게 움직이는 지를 유의해서 봐야 한다. 그 이유는 가끔은 환율이 상승할 때 증시가 오르는 적도 있기 때문이다.

그러나 대부분 환율이 하락할 때 증시가 올랐다. 그러므로 글로벌 투자자들의 관심이 될만한 이슈가 나왔다면 해당 국가의 환율과 채권금리를 차트로 찾아보면서 그 나라의 환율과 금리가 증시에 어떤 상관관계를 가지고 있는지를 주의깊게 관찰하는 것이 매우 증요하다. 그 이슈와 관련하여 추가적인 뉴스 등도 찾아보며 모니터링 해야 한다. 매수/매도에 대한 결정 시 기준으로 매우 중요하기 때문이다. 단순히 증시가 하락하니 불안해서 매도하는 것은 재테크 초보들이나 범하는 실수라는 것을 명심하자.

137 백척간두진일보시방세계현전신

百尺竿頭 進一步 十方世界現全身

백 척 장대 끝에서 한 걸음 더 나아가라!

그러면 새로운 세계가 열릴 것이다.

- 당나라 고승 長沙(장사) -

# 제10장
# 채권형 펀드가 안전하다는 고정관념은 깨라

**나는 미래가 어떻게 전개될지는 모르지만,**
**누가 그 미래를 결정하는지는 안다.**
**- 오프라 윈프리 -**

2018년 3월 1일 A 재무설계사가 B 고객과 상담을 하고 있다.

**A 재무설계사** : 지금 주식도 많이 올랐고, 베트남이나 미국 증시도 많이 올랐으니 좀 불안합니다. 포트폴리오에서 채권형 펀드 비중을 50%로 높이시고 나머지 50%만 주식형펀드로 유지하시죠.

**B 고객** : 네 그럼 채권형 펀드는 안전한가요?

**A 재무설계사** : 네, 채권은 만기 시까지 이자만 받으면 되고, 미국이나 한국처럼 정부에서 발행하는 것은 국가가 망하지 않는 이상 손해가 나지 않기 때문에 걱정하지 않으셔도 됩니다. 지금 주식형 펀드로 수익이 많이 났으니 일부 줄이셔서 안전 자산에 옮겨 놓으시죠.

변액보험도 채권형 펀드 비중을 높이겠습니다. 그래야 지금까지 벌어들인 수입을 안전하게 보관하여 나중에 받을 연금액을 높이셔야죠.

**B 고객** : 네, 그럼 그렇게 하시죠. 수익률을 관리해주시니 노후는 문제없겠어요. 감사합니다.

둘은 즐겁게 헤어지고, 포트폴리오에서 채권형 펀드 비중을 50%로 올린다.

이는 통상 재무 설계사들과 고객의 상담에서 '시장이 위험해지면 안전자산으로 포트폴리오를 수정하라'고 제안하는 상황을 연출한 것이다. 채권형 펀드로 피신하여 주식시장이 조정을 받으면 나중에 쌀 때 주식형 펀드로 들어가자는 것이다. 나는 두 번째 책에서도 매우 강조했던 부분이 채권형 펀드는 안전하지 않다는 것이었다. 제5장에서 언급한대로 전문가들의 전망을 보면 알 수 있듯이 주식시장보다 더 거품이 큰 것 아니냐는 비판을 받는 시장이 채권 시장이다. 그중 그린스펀은 증시보다 채권시장 거품이 더 문제라고 주장했다.

그러나 대부분의 재테크 초보들은 어떻게 채권으로 수익을 내는지 잘 모른다. 사실 돈 빌려주고 이자를 받는 것이 채권이라 생각하는 사람들이 대부분이다. 하지만 왜 금리가 내려가면 채권가격이 올랐는지 금리가 상승하면 채권가격이 하락하는지를 모르기 때문에 무조건 손해가 없는 펀드로 인식하기 쉽다. 이는 현재시점에서 앞으로 매우 위험한 발상이 아닐 수 없다. 그러므로 이것을 이해하고 넘어가는 게 매우 중요하다. 어떻게 채권시장이 움직이는지를 알게 되면 채권뿐만 아니라 채권 금리에 따른 주식 시장과 부동산 시장까지 덤으로 이해할 수 있기 때문이다.

**채권가격과 금리를 쉽게 이해할 수 있는 김 씨와 이 씨의 예**

채권시장은 은행을 통하지 않고 직접 돈을 빌려주고 빌리는 시장을 말한다. 부와 기업이 대표적으로 돈을 빌리는 채권 발행자가 되고, 이들이 발행한 채권을 투자자들이 매입하여 이자와 매매차익을 기대하는 투자방식이다. 대부분의 채권 투자자들은 이자보다 매매차익을 중요시 한다. 여러분도 부동산을 사서 월세를 받는 것보다 매매차익을 더 원하지 않는가? 사실 월세나 이자는 부수입 같은 것이고, 매매차익은 실제 투자해서 얻고 싶은 수익일 것이다. 그러니 매매차익 즉, 채권가격이 오르내림에 민감하게 반응해야 한다. 특히 금리가 오를 때와 내릴 때를 잘 관찰해야 하는 것이다. 김 씨와 이 씨를 예로 들어 설명하겠다.

**5천만 원으로 은행보다 높은 수익을 위해 돈을 빌려주고 받으려 합니다. 당신이라면 누구에게 돈을 빌려 주시겠습니까?**

| | |
|---|---|
| 직업 | **건설 현장직** |
| 연봉 | **2500만 원** |
| 필요한 금액 | **5000만 원** |
| 금리 | **4%** |

| | |
|---|---|
| 직업 | **S그룹 부장** |
| 연봉 | **1억원** |
| 필요한 금액 | **5000만 원** |
| 금리 | **4%** |

위의 그림은 필자가 직접 강의 때 채권에 대해 이해시키기 위해 쓰는 자료다. 강의에 참석한 분들에게 “여러분은 5천만 원으로 은행보다 높은 수익을 위해 두 명 중 한 명에게 돈을 빌려주어야 합니다. 누구에게 빌려주시겠습니까?”라고 질문한다.

그럼 100% 이 씨에게 빌려주겠다고 한다. 이유는 세 가지로 나오는데 첫째는 김 씨의 직업이 불안하고, 5천만 원을 갚을 수 있는 연봉이 아니라는 것이다. 세 번째는 직업과 연봉을 봤을 때 금리 4%는 너무 낮다는 것이다. 그럼 다시 묻겠다.

"그럼 김 씨가 24%의 금리로 돈을 빌리고 이 씨는 그대로라면 어떻게 하시겠습니까?"

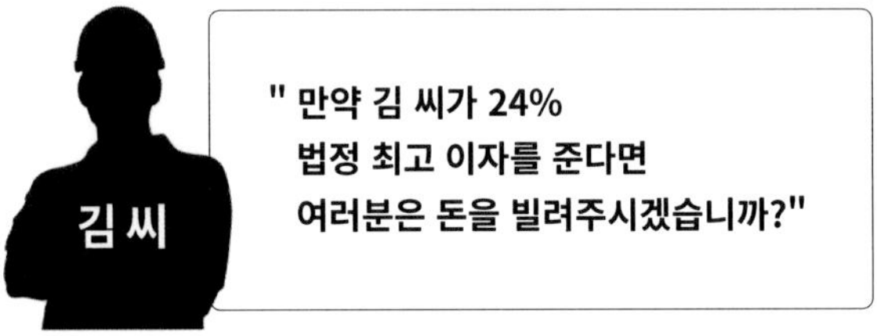

김 씨
" 만약 김 씨가 24%
법정 최고 이자를 준다면
여러분은 돈을 빌려주시겠습니까?"


여기서는 고민이 깊어진다. 그리고 김 씨에게 빌려주겠다는 사람이 20~30% 정도 생겨난다. 이유를 물었더니 24%의 금리를 받으면 1200만 원의 이자가 되기 때문에 4년 2개월 정도면 원금에 가까이 되기 때문이라는 것이다. '그때까지는 버티지 않겠나'라는 예측에서다. 여기서 채권의 가격과 금리의 관계를 직감적으로 알아차린 사람이 있을 수 있다.

결국 4%의 금리일 때는 김 씨에게 아무도 빌려 주려하지 않겠다던 사람이 24%의 금리를 빌려주겠다고 하니 10명 중 2~3명이 빌려주겠다고 마음을 바꾼 것이다. 그리고 그 이유로 이자의 매력을 들었다. 김 씨의 입장에서 매월 200만 원 정도의 소득이 발생할 것이다. 5000만 원을 빌리면 금리가 4%일 때는 5000만 원×4%=200만 원이므로 월 16.7만 원씩 내면 된다. 그러니 월 200만 원-16.7만 원=183.3만 원이 이자이고 남은 김 씨의 실제 소득이다. 그러나 24%의 금리는 5000만 원×24%=1200만 원으로 월 100만 원을 내야한다. 월 200만 원 소득-100만 원=100만 원이 실제 소득이 된다. 정리해보자면 다음과 같다.

**4% ⇨ 183.3만 원**

**24% ⇨ 83.4만 원**

금리가 4% > 24%로 상승하니 채권가격은 183.3만 원> 83.4만 원으로 하락한 것을 볼 수 있다. 그러니 앞에서 걱정한 세 가지 이유 중 하나인 만약 24%의 금리로 올라가면 더 빚을 못 갚을 확률이 높아진다. 하지만 4년 2개월만 넘기면 원금만큼의 이자를 받을 수 있기 때문에 채권투자자들은 김 씨가 그 기간 안에 파산하지만 않으면 안심할 수 있다는 생각으로 판단하고 투자할 것이다.

그렇다면 김 씨에 대한 채권투자는 언제 하는 게 좋을까? 여러분들은 주식이 비쌀 때 사서 쌀 때 파는가? 아니면 쌀 때 사서 비쌀 때 파는가? 당연히 쌀 때 사서 비쌀 때 팔 것이다.

그것처럼 김 씨가 지금은 비록 건설 현장에서 일하고 있지만 앞으로 대기업에 취업을 하면 어려울 때 돈을 빌려준 사람은 대박이 나게 된다.

**김 씨의 몸값과 대출이자**

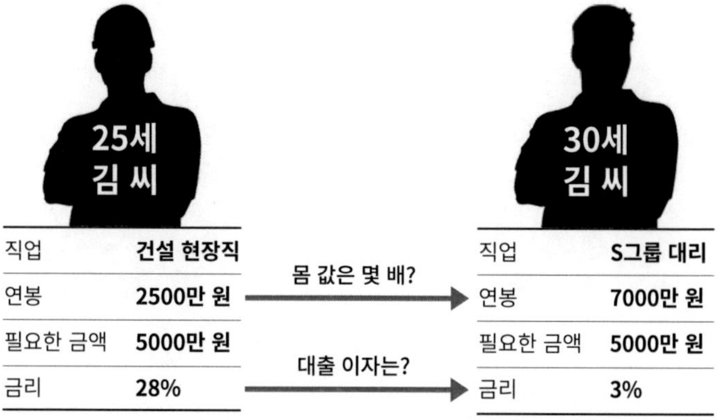

25세
김 씨
직업 건설 현장직
연봉 2500만 원
필요한 금액 5000만 원
금리 28%
몸 값은 몇 배?
대출 이자는?
30세
김 씨
직업 S그룹 대리
연봉 7000만 원
필요한 금액 5000만 원
금리 3%


건설 현장직을 전전하며 25세까지 취업준비를 하던 김 씨

가 대기업에 취업하여 5년간 열심히 일한 결과 대리가 되었다. 연봉은 2500만 원에서 7000만 원으로 2.8배 올랐고, 신용도 좋아서 3%의 금리로 5000만 원을 빌릴 수 있다. 그럼 여러분이 건설현장직이던 김 씨에게 5000만 원을 10년 만기로 빌려줬다면 지금은 행복한 고민을 하고 있을 것이다. 이제 대기업 대리의 연봉을 받는 김 씨는 약속대로 건설현장직에 다닐 때 빌렸던 돈을 계속 갚아나가고 있을 것이고, 불안하지만 빌려줬던 채권투자자는 매우 안심이 되기 때문이다.

그래서 채권 투자자들은 현재 30세의 대기업 대리에게 3%를 빌려주기보다 이전에 김 씨가 어려울 때 투자한 당신에게 24% 금리의 채권을 사고 싶어서 거래를 하자고 할 것이다. 지금까지 5년간 이자 1400만 원×5년=7000만 원을 받았지만 아직 원금을 받지 않은 상태이기 때문에 앞으로 5년 더 기다리면 7000만 원과 원금 5000만 원을 더 받을 수 있다. 그러니 다른 사람들은 현재 시점에서 원금 5000만 원보다 훨씬 높은 액수를 제시해서 채권을 팔라고 할 것이다. 그러면 당신은 매력적인 가격에 팔아서 굳이 5년을 기다리기보다는 매매차익으로 정리하고 나와서 다른 매력적인 투자처를 또 찾아서 수익을 낼 수 있는 시간을 벌게 될 것이다. 이게 바로 채권의 거래이다.

여기서도 보듯이 이자를 24%를 줘야 빌릴 수 있었던 김 씨가 신용과 연봉이 높아지면서 3%로 줄어드니 채권가격은 높아진 것을 알 수 있다. 몸값이 쌀 때 산 덕분에 이자도 많이 받고 매매차익도 높게 받을 수 있는 것이다. 그러나 반대로 현재의 대기업 대리에게 신용과 직업적 안정을 고려하여 3%로 돈을 빌려줬는데 갑자기 회사에서 해고된다면 어떻게 될까? 돈을 못 갚을 수도 있는 상황이 벌어질 것이고, 3%대 빌려줬던 채권 주인을 손해를 봐서라도 팔고 싶을 것이다. 원금의 일부라도 찾고 싶으니 말이다. 그리고 김 씨는 돈을 빌리려면 무직이기 때문에 높은 금리를 제시하여야 한다.

이런 것처럼 채권의 금리가 높다는 것은 가격이 낮다는 것을 의미하며 채권의 가격이 높다는 것은 채권의 금리가 낮다는 것을 의미한다. 그러므로 여러분은 채권 가격이 낮을 때 사서 채권 가격이 상승하면 매도 후 이익실현을 하고 싶을 것이다. 즉, 채권금리가 높을 때 사서 채권 금리가 낮을 때 매도하고 싶을 것이라는 의미다. 내가 샀을 때 금리 그대로 나는 이자를 받고 있기 때문에 금리가 내려가면 내 채권의 가격은 매우 매력적일 수밖에 없고, 유통시장에서는 나의 채권을 팔라고 아우성일 테니까 말이다. 그러므로 기준금리 인하기에는 시장금리의 대표 격인 채권금리가 하락하기 때문에 채권의 강세장이 펼쳐지는 것이고, 반대로 기준금리 인상기에는 채권금리도 상승하기 때문에 약세장이 펼쳐지는 것은 당연한 것이다.

이런 주장은 나만의 논리가 아니다. 전 세계 채권왕 들이 하는 얘기다. 구(舊) 채권왕 빌 그로스는 2013년, 30년 채권 강세장이 끝났다고 표현했다. 실질적으로 끝나고 본격적인 상승은 2016년 이후 부터다. 사실 35년 채권 강세장이 끝난 것이다. 신(新) 채권왕 군드라흐도 채권시장은 폭락할 것이라는 주장을 했다. 이렇게 전 세계 채권시장을 주름잡는 채권왕들이 모두 채권시장의 강세장은 끝났다는 발언을 이미 오래전부터 하고 있다.

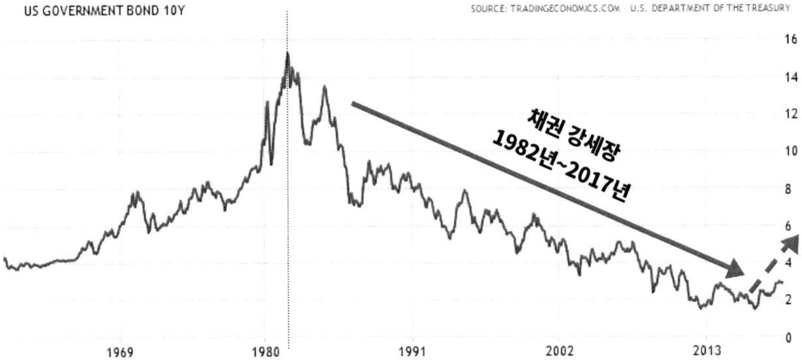


위의 차트는 미국채 10년물의 1960년대부터의 금리 그래프이다. 금리가 하락하는 것은 채권가격이 상승한다는 뜻인데 청색 화살표를 따라서 보면 1982년의 채권금리의 정점(흑색 점선)을 시작으로 2016년까지 채권금리가 저점을 찍었다.

2017년부터 채권금리가(청색 화살표) 상승을 이어가는 것을 볼 수 있다. 이제 1년이 갓 넘게 약세를 이어가고 있다. 앞으로 차트의 청색 점선이 위로 상승한다면 채권 가격의 마이너스가 커질 것이다. 최근 채권형 펀드들의 마이너스는 계속되고 있다. 재테크의 가장 안전한 채권형 펀드가 위험해졌다는 것이다. 장기적인 추세로 채권금리가 상승할지 단기적인 추세로 채권금리가 상승할지 모르겠지만 2008년 이후 양적완화와 금리인하를 계속해오던 기준금리가 본격적으로 상승하는 시기가 되었기 때문에 금리 인하기에서 금리 인상기로 전환했다는 것은 채권금리 상승에도 영향이 있다는 것을 알 수 있다.

중앙은행이 금리를 인상하면 시장금리의 대표적 상품인 채권 금리가 상승하게 된다는 것은 당연한 것이다. 그러므로 앞으로 채권금리는 우상향으로 상승할 수밖에 없다. 따라서 채권형 펀드는 마이너스 수익률을 더 키울 수밖에 없다.

결론적으로 재테크 상식으로 통했던 채권형 펀드는 안전하다는 고정관념은 깨야 하는 상황이 벌어졌다. 그리고 모든 투자에 있어서도 고정관념처럼 생각하고 있는 것들이 없는지 늘 경계해야 한다. 시장은 고정되어 있지 않고 늘 변하기 때문이다. 사실 변하지 않는 것은 하나도 없다는 게 변하지 않는 유일한 진리라고 하지 않는가? 고정된 틀은 그저 눈을 멀게 할 뿐이다. 이번 장의 내용을 이해했다면 당장 채권에 투자하는 펀드가 있는지 변액보험은 어떻게 되어 있는지 확인해볼 필요가 있지 않을까?

## 한국 채권 가격 하락에 투자하라

《2018 경제기사로 푸는 직장인 재테크 가이드북》에서 채권가격 하락에 투자하면 좋다는 내용을 언급했다. 이 부분은 지금도 유효하다. 그래서 투자할만한 추천 ETF를 소개하고자 한다.

국내 주식을 하고 있다면 ETF는 쉽게 접근할 수 있기 때문에 어려운 투자방법이 아니라는 점을 고려하여 국내 ETF를 추천한다. 바로 [KODEX 국채 선물 10년 인버스]이다.

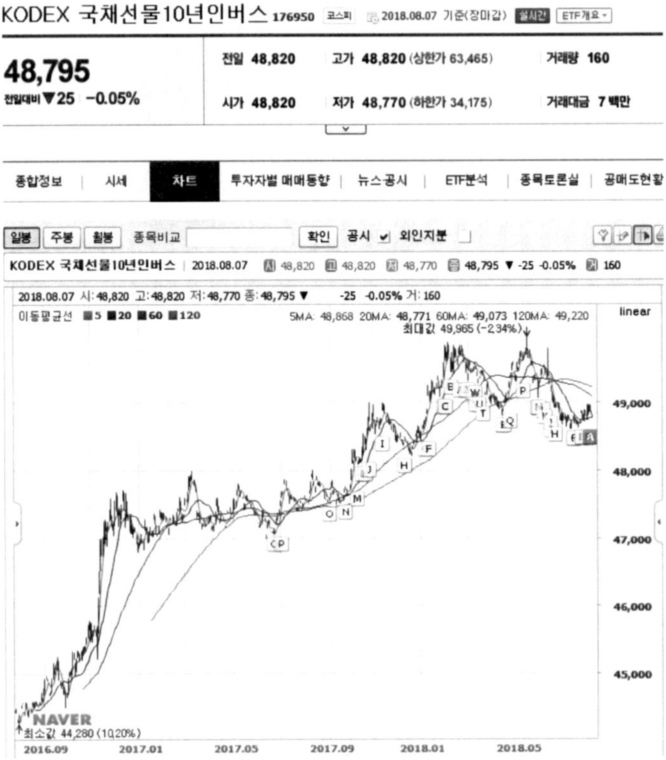


앞으로 미국의 금리인상은 한국의 금리인상 압박으로 다가올 것이고, 그렇다면 미국 10년물 국채 금리 보다 낮은 한국 10년물 채권금리는 상승할 것이다. 08년 금융위기 이후 통상 한국 10년물 금리는 미국 10년물 국채 금리보다 1~2% 높았던 것을 감안하면 지금보다 한국 채권 금리가 더 많이 상승할 가능성이 높다. 그러므로 KODEX 국채 선물 10년 인버스ETF의 주가는 상승할 가능성이 높다.

**작은 기회로부터 종종 위대한 업적이 시작된다.**

**- 데모스테네스 -**

# 제11장

# 글로벌 시장이 불안할 때 엔화를 사라

**천체의 움직임은 계산할 수 있지만**
**사람들의 광기는 계산할 수 없다.**
**- 아이작 뉴턴 -**

6년 전 한 정형외과 원장님과 재무 상담을 한 적이 있었다. 이때 이 원장님의 고민은 엔화 대출이 너무 부담스럽고 힘들다는 것이었다. 2005년 개업 때 엔화대출이 1%대로 매우 저리라는 은행 대출담당자의 추천으로 3억 원을 받았다. 그러나 금융위기가 나타나면서 엔화가 급등하면서 대출이자는 1%이지만 원금은 거의 두 배가 되어 매우 고민하는 상황에서 힘든 시간을 보냈다고 했했다. 금융위기가 지나고 나서도 엔화 대출 당시의 수준으로 하락할 기미가 보이지 않아 '대출 원금을 상환해야하나?'라는 불안감이 컸다고 했다.

필자는 그때 시장상황을 지켜보면서 "원금은 절대 갚지 마세요."라고 조언했다. 다시 엔화는 하락할 것이라는 안심도 시켜주었다. 그런데 은행 대출 담당자는 일부라도 상환해야 하는 것이 아니냐는 조언을 했다는 것이다. 그래서 나는 절대 상환하지 말라고 했고, 앞으로 엔화를 매우 많이 하락시킬 것이라는 이유에 대해서 리포트 20여 장으로 브리핑한 후에야 안심이 되셨는지 필자를 믿어보시겠다며 고객이 되었다.

그 원장님이 대출을 한 시점은 2005년 9월로 100엔 당 930원대의 환율이었다. 그런데 2008년이 되면 100엔 당 1650원대로 상승하는 것을 볼 수 있다. 거의 두 배에 가까운 상승인데 이때 원금이 5억 내외까지 갔었다고 한다. 1%로 3억 원을 빌렸는데 말이다. 환차손이 77%에 이르렀던 것이다. 그리고 필자를 만난 시점은 2012년 6월이었다. 여름이어서 매우 더웠던 기억이 난다.

이때 엔화는 1400원대에서 1500원대를 움직이던 시점이었다. 한 달 이상을 상담하면서 설득해나갔고, 주거래 은행의 대출담당자 조언을 무시하고 필자를 믿기 시작한 시점이 7월이었다. 그리고 난 후 2012년 겨울부터 엔화가격이 하락하기 시작한다.

은행 대출 담당자는 1200원을 깨고 내려왔으니 그만 만족하고 상환하자고 조언했다고 하셨다. 조금 손해 본 것이니 미련 갖지 말라는 의미였다. 필자는 시장을 계속 보고 있었는데 더 내려갈 것이라는 리포트가 많이 나오고 있었고, 일본 중앙은행의 양적 완화 정책에 대한 스텐스도 매우 강해 보였기 때문에 더 떨어질 것이라 확신하며 좀 더 기다리라고 했다. 그리고 원장님과 통화가 되자 절대 상환하지 말라는 말씀을 드렸다. 엔화의 추세가 아직도 하락방향을 가리키고 있다고 말하면서 말이다.

원장님께서는 1100원을 깨고 내려가자 미련 없이 상환하겠다면서 필자를 만나서 손해를 많이 복구할 수 있었다는 칭찬과 함께 인센티브도 챙겨주셨다. 그때 필자는 조금만 더 있으면 1000원을 깨고 내려갈 것 같다고 의견을 드렸지만 다시 엔화가 올라가는 상황이 나오면 감당이 안 될 것 같다면서 여기서 만족한다는 말씀에 나는 반박보다는 알았다고 했다.

그 후 900원대 초반까지 내려가는 걸 보시고, 원장님은 아쉬운 마음에 '이 팀장 말 들을걸 그랬어 그럼 몇 천만 원 더 아끼는 건데….'라고 아쉬워하셨다.

사실 이 원장님을 만나기전에는 필자도 환율과 금리는 자격증 공부와 증권사에서 매일 아침 전날 시황을 정리하면서 어렴풋이 알고 있었지 깊이 이해하지는 못했었다. 그러나 고객인 원장님 일로 엔화에 대해 공부하면서 엔화는 전 세계 시장과 매우 밀접한 연관이 되어있다는 것을 알았다.

그리고 글로벌 증시에는 엔 환율이 매우 중요한 시그널이라는 것을 잘 알게 되었다. 재테크나 주식관련 책을 보면 와타나베 부인의 외국 투자에 대한 예를 들며 일본자금이 외국에 투자하는 논리가 잘 설명되어 있다. 이 와타나베 부인은 우리나라로 치면 복부인 김 씨 사모님 정도이다. 와타나베 부인이 일본에서 저금리로 대출을 받아서 고금리 국가에 채권이나 증시, 부동산 시장에 투자하여 수익을 내기 위해 원정 투자를 한다는 것이다.

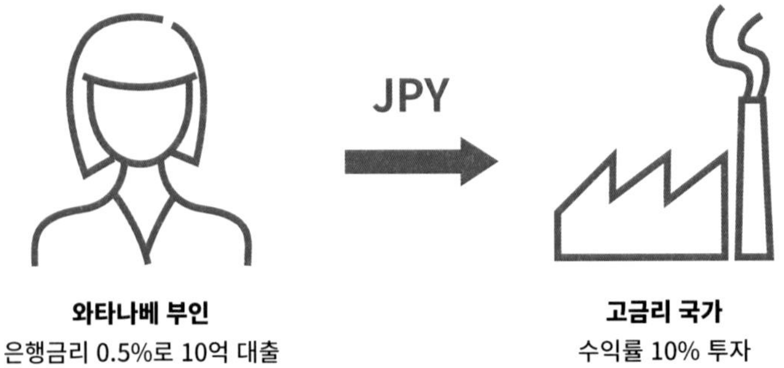


이를 전문용어로 케리 트레이드 자금이라 한다. 엔화가 케리 트레이드 되면 엔 케리 트레이드 자금이라 하고, 달러면 달러 케리 트레이드 자금이라 한다. 이 두 자금이 시장에서 가장 영향력 있는 케리 트레이드 자금이기 때문에 이 자금이 유입되는 나라의 증시나 채권시장은 상승한다. 그러나 반대로 이 자금이 다시 본국으로 돌아가야 하는 상황이 된다면 증시와 채권, 부동산 등에서 돈을 빼기 때문에 자금이 들어갔던 나라들의 증시나 채권, 부동산 시장 등은 하락한다. 그래서 영향력이 큰 것이 케리 트레이드 자금이다. 참고로 돈 많은 와타나베 부인 같은 일본 개미투자자가 들어오는 것이 아니라 기관투자자들이 유입된다.

이 자금이 빠져나가는 상황은 무엇일까? 엔화자금을 들고 와서 한국에 투자하는 엔케리 트레이드 자금도 같은 상황이 되면 매우 고민이 깊어진다. 2018년 1월 2일, 일본 엔케리 트레이드 자금이 엔/원 환율 1000원이었다라고 가정하자. 그래서 3개월 후 증시에서 10% 수익을 냈다. 그런데 아래의 그림 1안처럼 엔화가 강세를 띄면서 엔화가 1000원에서 1100원으로 10% 상승했다면 어떻게 될까?

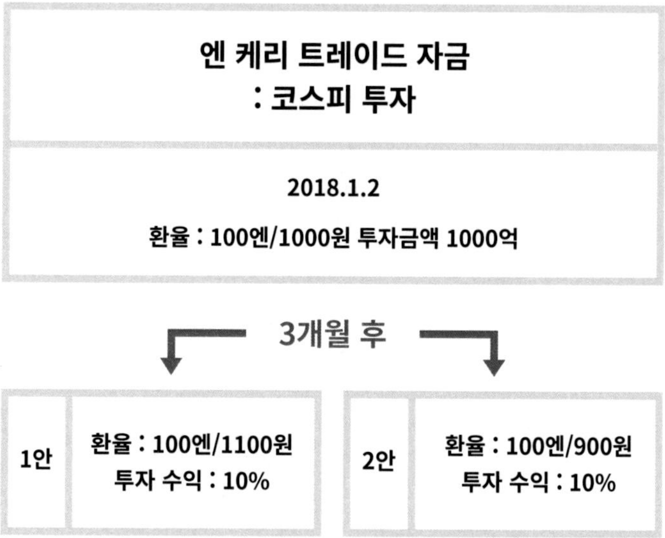


그렇다면 엔화를 환전하여 투자했던 투자자는 코스피 증시에서 10% 수익을 냈으나, 환차손이 10% 났기 때문에 0%가 된다. 그러니 엔화가 강세가 된다면 증시에서 번 돈까지 까먹을까봐 빨리 증시에서 매도 후에 엔화로 환전하게 된다. 이를 엔 케리 트레이드 자금 청산이라고 한다. 이때 엔화 자금이 투자하고 있던 증시와 채권, 부동산에서 매도가 일어날 것이고, 여기에 다른 투자자들도 화들짝 놀라며 하락을 키울 수 있다.

반대로 2안 처럼 3개월 후 환율이 100엔 당 900원이 되었고, 코스피에서 10%의 수익을 냈다면 엔 케리 트레이드 자금은 총 20%의 수익을 낸다. 투자수익 10% + 환차익 10% 이렇게 말이다. 그러므로 원화가 상대적으로 엔화보다 강세에 있으며 더 강해질 수 있다는 기대감이 높아진다면 나가지 않고 계속 한국 증시에 남아 있을 확률이 크다. 일단 1안으로 갈 때가 가장 큰 리스크가 될 수 있다.

이때 당신은 역발상 투자의 기회를 얻을 수 있다. 바로 엔화를 사는 것이다. 일본으로 엔케리 트레이드 자금이 돌아간다는 것은 엔화가 강세인데 더 강세가 될 것이라는 증거이다.

환율을 잘 이해하지 못하는 초보자들을 위해서 쉽게 설명하자면 자본시장은 모두 수요와 공급에 의존하여 가격이 결정된다. 시장에서 수요가 많아지면 가격은 상승한다. 반대로 공급이 많아지면 가격은 하락한다. 너무 간단한가? 그렇다면 이해가 끝난 것이다.

일본으로 자금이 돌아간다는 것은 시장에서 엔화의 수요가 증가한다는 것이다. 엔화로 환전을 해야 하는 사람들이 많아진다는 것이고, 이는 엔화가격이 상승한다는 말이다. 반대로 엔화로 바꿀 상대통화(한국이라면 원화)는 시장에 많이 공급된다. 그러니 가격은 하락한다.

여기다 글로벌 시장에 투자하던 다른 엔화 자금들도 다시 일본으로 돌아가기 위해 엔화 수요는 급증하게 된다. 이때를 노려 엔화 투기자금들이 엔화시장에 들어가게 되고 가격 상승을 더 가중시키는 역할을 한다. 이러한 시그널들을 알게 되면 미리 엔화가 쌀 때 사서 급격하게 비싸지면 팔아서 수익을 내면 된다.

2017년 12월 마지막 날 강릉 주문진에서 새해를 맞이하러 혼자 떠났다. 필자가 중대장 시절 그 동네에 탄약반장이 살고 있었기 때문에 밤에 술을 마셨다. 거기에 탄약반장의 처가식구들까지 가세해 분위기가 무르익었다. 엄청난 양의 술을 먹게 되자 탄약반장의 처가식구 한 분이 나에게 물었다.

“올해는 어디에 투자하면 되요?”

술을 좋아하는 나는 홍게와 대게에 심취해 먹다가 허를 찔리는 기분이었다. 준비 없는 상황에서의 질문에 갑자기 멍해진 것이다. 그때 무심결에 “엔화요.”라고 나왔다. 그런데 말을 하고 나니까 취해있던 게 살짝 걷히면서 탁월한 답변이었다는 생각이 들었다.

필자는 1월 초에 엔화의 움직임을 제대로 정리하는 시황을 쓰게 되었고, 고객들에게 엔화에 투자하라는 문자를 보냈다. ‘어떻게 투자하면 되느냐?’는 말에 엔화예금에 투자하라고 하였다. 이때가 100엔 당 940원대였다. 그리고 필자는 1월 2일 블로그에서 930원대가 전 저점이기 때문에 사볼만한 타이밍이라고 설명했다.

**재무상담 사례** 10개의 글 목록열기

**엔화예금 해볼까?** | 재무상담 사례 2018. 1. 2. 18:00

https://blog.naver.com/lhry8098/221176299979 복사

**현재 엔/원 가격은 9.4492원이다.**
**100엔당 944원대 인것이다.**
**2015년 900원을 깬 것을 판단했을 때 좀 더 내려갈 수 있겠지만 현재 전저점은 9.30대가 된다.**
**현재의 추세라면 이를 뚫고 내려가겠지만 만약 여기서 지지를 받는다면 현재 들어갈 만한 가격대가 된다.**

**재상펌여수**
(lhry8098)
2018년 경제기사로푸는 직장인 재테크가이드북 재무상담신청은 공지사항 참조
프로필 ▸ 쪽지 ▸
+ 이웃추가

글로벌 이슈로는 일본의 중앙은행 총재 구로다와 유로존 중앙은행 총재 마리오 드라기 모두 이제는 양적 완화를 종료하고 정상화로 전환할 것이라고 발언했기 때문이다.

고객들은 은행에 가서 엔화예금을 가입했고, 3월 23일 1030원대를 찍으며 10% 수익을 올렸다. 2월부터 강의를 시작하면서 엔화예금을 추천했었는데 1000~1010원 사이에

가입했다는 수강생의 고맙다는 문자도 꽤 받았다. 2018년 2월 초에 급락한 것과 3월 20일부터 글로벌시장이 불안해지면서 엔화가 급등한 것이다.

필자는 이것이 1100원을 넘어서 1200원대도 충분히 올라갈 것이라고 판단하고 있다. 이유는 이제 증시의 상승이 어느 정도 끝에 온 것이 아닌가라는 판단 때문이다. 그런 시그널들은 조금씩 증가하고 있으며, 투자전문가들도 낙관적인 주장만 있던 시장에서 비관적 전망을 하는 전문가들이 조금씩 늘고 있기 때문이다. 이렇듯 시장이 위험하면 엔화는 강해질 것이라는 역사적 패턴은 지금도 진행되고 있다는 것을 차트에서도 확인할 수 있다.

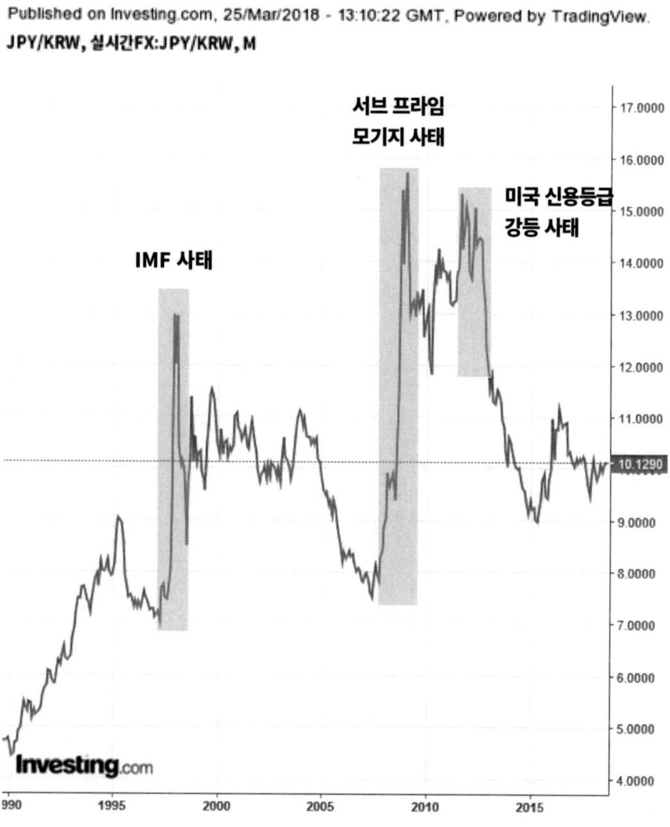

앞 페이지의 그래프는 엔/원 차트이다. 파란 색 박스처럼 위기 시에 엔화는 적게는 1300원에서 많게는 1600원까지 상승한다는 것은 것을 알 수 있다. 지금 1000원 초반 대는 아직도 싸다는 것을 알 수 있다.

앞으로 글로벌 증시하락으로 시장 분위기가 어수선해진다면, 엔 케리 트레이드 청산으로 인한 엔화 수요가 증가할 것이고, 이로 인해 투기 수요까지 가세하며 엔화는 강세를 띨 것이다. 그러므로 엔화 투자가 많았던 신흥국들은 상당히 빨리 증시와 통화가치가 하락할 것이다. 이것은 과거 계속 반복이 되어오던 경로이니 꼭 알아두길 바란다.

엔화에 투자하는 방법은 대표적으로 엔화 예금을 하면 된다. 은행에서 판매를 하고 있으며, 온라인 상으로도 외화 예금 가입이 가능하니 투자하기 쉽다. 그리고 엔화 투자는 ETF로도 가능하다.

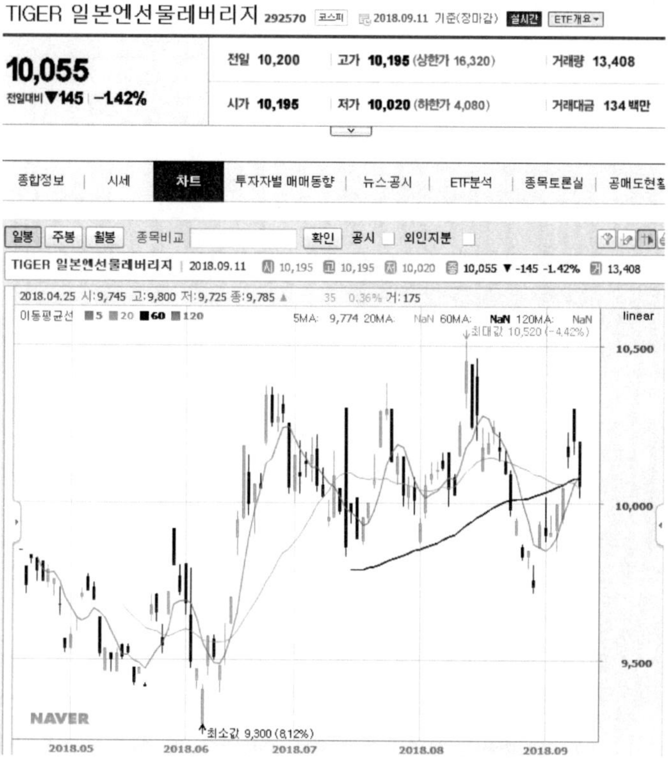


TIGER 일본엔 선물 레버리지 ETF는 일본엔화의 변동성을 2배로 높인 것이다. 그러므로 변동성이 크다고 할 수 있다. 필자가 변동성이 큰 ETF를 추천하는 이유는 내년 글로벌 시장이 어려워질 것으로 판단하고 있기 때문에 엔화는 더 확실히 오를 수 있는 이유가 되기 때문이다. 그것에 일본 BOJ 총재 구로다도 금리인상을 내년에 고려하고 있기 때문에 엔화는 올해보다 강해질 수 있는 가능성이 높기 때문이다. 그러므로 주식투자와 같이 고위험 투자를 하고 있다면 ETF를 추천하고, 그렇지 않고 좀 더 변동성이 적은 투자를 하고 싶다면 엔화예금을 추천한다. 2018년 4월에 상장된 TIGER 일본엔선물레버리지 ETF의 움직임을 보면 주식보다 훨씬 변동성이 적다는 것을 알 수 있다.그래서 레버리지라는 단어 때문에 그렇게 위험하게 판단할 필요는 없다. 

그리고 달러는 2019년을 위해 투자해 둘 필요가 있다. '중립금리'라는 용어가 있다. 이는 경제가 인플레이션이나 디플레이션 압력이 없는 잠재성장률 수준을 회복할 수 있도록 하는 이론적 금리 수준을 말한다. 현재 미국 연준이 제시하는 장기 중립금리 수준은 2.75~3%이다. 2018년 하반기 두 번의 금리인상 시 2.5%까지 도달하게 되고 내년 1회만 인상하면 2.75%까지 도달한다. 이때 중립금리가 어떻게 변할지는 모르겠지만 일단 중립금리에 도달 전에는 인플레이션이 압박을 받지만 중립금리 도달 이후에는 기준금리 인상 시 디플레이션 압박을 받을 수 있다. 이때는 달러가 강해질 수 있는 요인이 되는 것이다. 그러므로 내년에 미국으로 글로벌 자금이 몰린다면 달러 수요가 증가하면서 강세를 나타낼 가능성이 크다. 그래서 달러를 하반기에는 매수하는 것이 좋다. 일본 엔화와 같이 매수하는 방법은 크게 달러예금과 달러ETF가 있다.

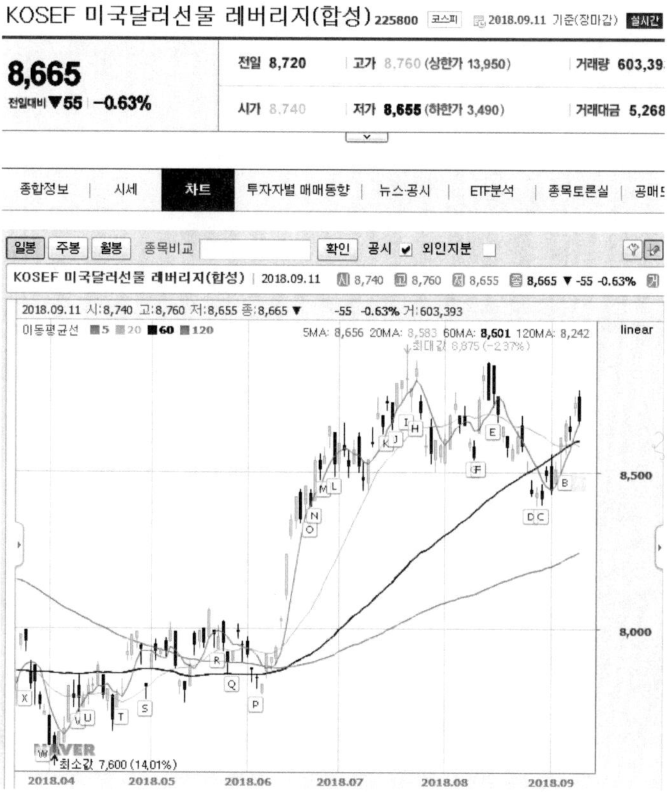


KOSEF 미국달러선물 레버리지(합성) ETF는 레버리지 ETF이기 때문에 변동성이 2배가 된다. 차트를 보면 4월 주당 7600원에서 8월 8500원까지 4개월 만에 13% 상승했다. 앞으로도 상승가능성은 높기 때문에 포트폴리오에 엔화와 같이 투자할 필요가 있다. 만약 변동성을 낮추고 싶다면 KODEX 미국 달러 선물이나 외화 예금으로 하면 부담을 줄일 수 있다.

# 제12장
## 경기 과열 시
## 인플레이션에 투자하라

**탐욕은 좋은 것이다(Greed is Good).**

**- 영화 〈월스트리트 (1987년작)〉고든 게코의 명연설 중 -**

2017년 11월, 《2018 경제기사로 푸는 직장인 재테크 가이드북》에서 2018년, 인플레이션이 상승할 것이라 전망하면서 인플레이션 관련 투자를 조언했다. 그 이유로 미국의 경제지표가 갈수록 좋았었고, 연방 준비 위원회는 나날이 자신감이 넘쳤기 때문에 경기가 과열될 것이라 판단했기 때문이다. 이는 경제 리포트에서 많이 전망되었던 부분이기도 하다. 그렇게 경기가 과열되면 당연히 인플레이션은 빠르게 상승할 수밖에 없다. 그런데 강의 중에 이런 얘기를 하면 "그럼 과열인지는 어떻게 알 수 있습니까?"라고 질문하는 사람들이 많다. 이는 선제적으로 잠재성장률과 실제성장률을 통해 알 수 있다.

일단 잠재성장률에 대해 설명하기 이전에 잠재 GDP가 뭔지를 먼저 알아야한다. 그러려면 또 GDP가 무엇인지도 알아야 한다.

중학교 때 사회시간에 GDP는 국내총생산으로 한국이라는 지역에서 생산되는 최종물건의 총합이라고 배웠다. 이런 GDP에는 잠재GDP와 실질GDP가 있다. 잠재GDP는 인플레이션을 자극하지 않으면서 노동과 자본 등의 생산요소를 최대한 활용했을 때 최대 생산능력이 얼마나 되는지를 나타내는 용어이다.

더욱 쉽게 설명한다면, 한 나라 국민이 10명이라 치면 이 10명이 정해진 시간에 열심히 일하고 한명도 쉬는 사람 없이 모두 투입되어 만들 수 있는 생산량을 잠재 GDP라고 한다. 초과근무나 야근 등의 오버페이스는 하지 않은 상태에서 정상적인 근로시간에 생산할 수 있는 능력을 말한다. 잠재GDP가 전년 대비 또는 전년 동기대비 몇% 증감했는지를 계산하는 것이 잠재성장률이다. 잠재GDP는 금액으로 나오지만 잠재성장률은 '%'로 나오는 것이다.

실질GDP는 잠재GDP와 달리 실제로 생산해보니 이만큼 나왔다는 결과물이다. 당연히 잠재GDP와 비교하는 수치로서 이론과 실제가 다른지를 알기 위해 측정하는 것인데 실제로 기준연도의 가격으로 서비스와 재화를 계산한 값이 된다.

사실 완전고용상태를 가정하고 계산한 잠재GDP 대비 실질GDP는 고용상황에 따라 달라질 것이다. 그래서 잠재GDP가 결정되고 나면 그보다 실질GDP가 높은지 낮은지를 비교해보는 것이 중요한 경제 지표가 된다. 이들이 추세적으로 수년간 어떤 흐름을 이어오고 있는지를 아는 것이 잠재성장률과 실제성장률이다. 그래서 잠재성장률보다 실제성장률이 높아진다면 이는 경기가 과열되고 있음을 의미한다. 반대로 잠재 성장률대비 실제성장률이 낮다면 이는 경기침체를 의미한다.

경기과열은 인플레이션을 야기하고, 경기침체는 디플레이션을 야기한다. 그렇다면 지금 어떤 상황인지를 알면 인플레이션에 맞는 투자를 할지 디플레이션에 맞는 투자를 할지 기준을 정할 수 있고, 여러분의 포트폴리오에는 이와 관련

된 투자가 되어 있을 것이다. 그래서 올해는 인플레이션이 발생할 것이라는 것을 작년부터 외쳤던 것이다.

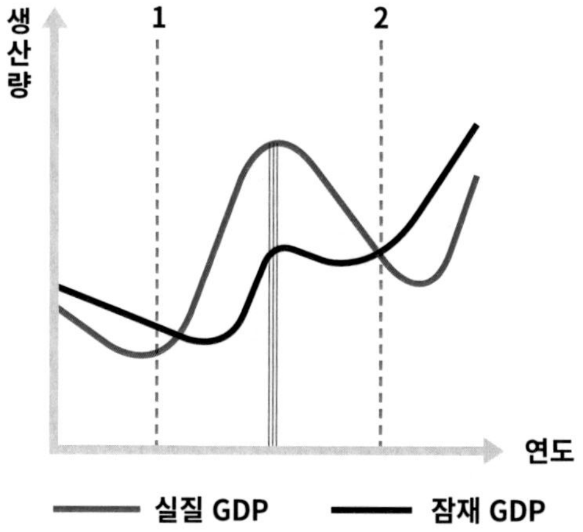


위의 청색 저 지점은 과열일까? 침체일까? 앞에 글을 읽었다면 쉽게 과열이라는 것을 알 수 있다. 실질GDP선이 잠재GDP선 위에 있는 구간이기 때문이다. 그렇다면 인플레이션이 상승했을 것이라는 판단을 금방 할 수 있는 것이다.

저렇게 점들은 GDP를 나타내지만 저 선들은 전년대비 또는 전년 동기 대비의 성장률을 나타내는 것이기 때문에 파란색 점선 사이의 구간은 과열구간이라 할 수 있으며 1번 선 좌측과 2번 선 우측은 잠재성장률이 실제성장률보다 높기 때문에 그 구간들은 경기침체 우려가 있다고 할 수 있다.

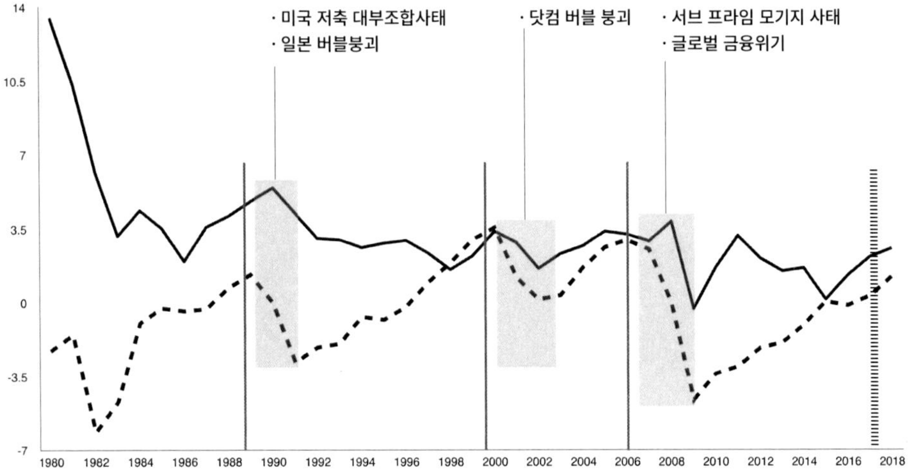


**미국 아웃풋 갭과 인플레이션**

실제 IMF자료를 가공하여 만든 차트를 보면서 설명해보자면 1980년부터 2018년까지 나온 수치를 대입하여 만들었으며 청색 선은 아웃풋-갭이 가장 고점일 때를 표시했다. 이때 흑색 선인 인플레이션도 고점을 치는 모습을 알 수 있으며 이후 위기가 왔다. 결국 아웃풋 갭도 인플레이션도 모두 가파르게 하락하는 모습을 보였으며 역사상 가장 큰 충격이었다는 2008년 금융위기는 이전 두 번의 위기보다 마이너스 폭이 더 큰 폭락을 경험했다.

그리고 마지막 2017년 수직 빗금선은 '0'밑에서 상승하면서 아웃풋 갭이 '+'로 전환했다는 것을 알 수 있다. 즉, 실제 성장률이 잠재성장률을 앞질렀다는 것이다. 그리고 인플레이션이 2015년 이후 '+'로 전환하지만 좀 더 확신을 가질만한 시기는 아웃풋 갭이 '+'로 전환하며 상승하는 시점에서의 인플레이션 상승이 더 큰 의미가 있는 이유다. 그래서 인플레이션은 좀 더 상승할 것이라 전망이 가능해진다.

참고로 본격적인 상승이후 2~3년 정도의 가파른 상승세가 있었고, 위기가 왔다는 것도 참고 해볼 만한 교훈이다. 더 큰 과열이 지속되는 시기에 인플레이션도 더 크게 상승할 것이고, 이로 인해 금리인상 속도도 빨라질 수 있기 때문이다.

5월 24일, FOMC 의사록이 공개되었다. 6월 금리인상과 하반기 1~2회 금리인상 전망에는 변함이 없어 보인다. 그러나 전반적인 임금상승 압력이 온건한 상태이며, 고용시장이 전반적으로 과열되고 있다는 증거가 부족하다는 평가를 하면서 인플레이션이 당분간 2%를 소폭 상회하는 모습은 있겠지만, 오버슈팅하면서 과열되는 것은 아니라는 뉘앙스를 띄었다.

쉽게 말해 인플레이션 속도가 빠르게 오르지 않을 것이며 이로 인해 금리인상 속도도 그렇게 빠르지 않을 것이라는 점을 강조한 것이다. 인플레이션은 연준이 관리하는 상태에서 상승하기 때문에 문제없다는 뉘앙스로 보였다. 그러나 나는 한 번의 강력한 인플레이션은 발생할 수밖에 없을 것이라는 예상을 바꾸지 않았다.

8월 1일, 연방공개시장위원회(FOMC) 회의를 마치고 나온 성명서에서 '견조한 성장'을 '강력한 성장'으로 수정하면서 미국 경제에 대한 자신감을 내비췄고, 이는 인플레이션 상승에 대한 기대감을 더욱 갖게 할 수 있는 이슈였다. 필자는 그렇기 때문에 인플레이션을 지금처럼 대칭적인 물가목표인 2%보다 약간 높은 수준에서 머물게 하는 것도 한계가 있을 것이라 판단했다. 즉, 본격적인 과열이 나타날 것이라 판단했다. 그래서 반드시 컨트롤 할 수 없는 수준의 인플레이션 상승이 있을 것이라 본다. 그래서 2017년 11월 출간된 《2018 직장인재테크 가이드북》에서 나온 인플레이션 포트폴리오는 아직 유효하다(참고로 이 책을 쓰는 시점이 2018년 8월임을 감안하기 바람).

### 지금은 농산물에 투자할 적기이다
### KODEX 3대농산물선물 ETF

지난번 책에서 미국ETF와 국내 Tiger농산물 선물 ETF를 추천했다. 그러나 올해 카페와 유튜브에서 '좀 더 곡물에 집중된 투자를 해야 한다'는 판단이 들어 올해 초부터 'KODEX 3대 농산물선물ETF'를 추가로 추천했었다. 이 ETF를 간단히 설명하자면 콩, 밀, 옥수수에 투자하는 ETF이다. 인플레이션도 곡물가격의 원인이 되겠지만 미중 무역 전쟁이 후반으로 도달한 이 시점에 폭락한 대두와 옥수수 가격은 오히려 매력적인 가격대라는 판단이 들게 한다. 미국과 중국 누구에게나 피해가 클 수밖에 없는 무역전쟁은 협상으로 마무리 될 수밖에 없을 것이다. 특히 세계 최대의 콩 수입국인 중국은 콩을 사료로 하는 돼지고기 가격까지 관세로 인한 폭등을 야기할 수 있기 때문에 서민들에게 직접적인 타격이 될 수 있다. 반대로 미국은 11월 중간선거가 있다. 미국의 정치 1번가 아이오와 주는 대두와 옥수수 재배면적이 상당히 크다. 아이오와 주와 같은 정치 1번지에서 공화당이 패한다면 그 이후 다른 주에서도 줄줄이 질 수 있는 심리가 반영되기 때문에 트럼프 입장에서는 설불리 갈 수 없는 부분이다. 그래서 7월에 미 정부가 대두를 직접 매입하고, 농가를 지원하겠다는 공약을 걸었다. 그러나 이건 어디까지나 단기적이다. 내년에도 이럴 수 있는가에 대한 의문은 미국 팜벨트 주의 대농에게는 고민이 될 수밖에 없다.

사실상 미중무역 전쟁을 마무리해 주는 게 좋을 수 있다. 그러므로 향후 대두와 옥수수 가격은 매력적일 수 있다는 것이다. 중간선거가 다가오면 다가올수록, 트럼프의 지지율이 하락하면 하락할수록 말이다.

이는 다시 곡물시장 자체의 이슈에 집중하게 함으로써 저평가된 가격에 매력을 느끼게 할 요인이 크다. 즉, 앞으로 더 상승할 여력이 충분하다는 것을 의미한다.

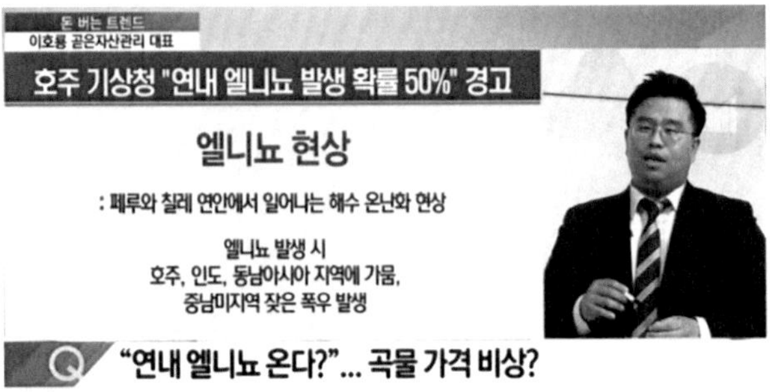

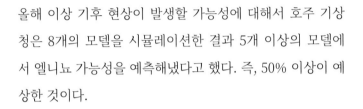

올해 이상 기후 현상이 발생할 가능성에 대해서 호주 기상청은 8개의 모델을 시뮬레이션한 결과 5개 이상의 모델에서 엘니뇨 가능성을 예측해냈다고 했다. 즉, 50% 이상이 예상한 것이다.

이번 겨울에 엘니뇨가 온다면 그 이전부터 이상기후현상은 나타날 것이고, 이로 인해 농산물 작황은 좋지 않을 것이며, 이는 농산물가격을 올리는 역할을 할 것이다. 지금 지구가 뜨거워지고 있다는 얘기는 뉴스에서 연일 나타나고 있으며 물난리가 여러 지역에서 나타나고 있다. 결국 정상적이라면 가뭄이 일어나야할 지역에서 폭우가 나타나고, 폭우가 쏟아지는 지역에서 가뭄이 나타나는 뉴스가 앞으로도 나온다면 이는 농산물 가격의 폭등을 가져올 확률이 크다. 바로 이 농산물 ETF투자는 이런 뉴스에 초점을 맞춰서 봐야 한다.

**원유관련 투자도 고려하라**

《2018 직장인 재테크 가이드북》의 175페이지에서 필자는 원유에 대해서 투자하라는 언급을 했었다. 그래서 미국 ETF 두 가지를 추천했고, 자신이 있었기 때문에 레버리지 3배가 되는 UWT를 추천했다. 만약 이때 이 ETF를 샀던 사람이라면 100% 내외의 수익을 냈을 것이다.

UWT ETF 차트
청색 박스가
책출간 당시

출판당시 18달러에서 22달러 정도의 수준이었으니 현재 36달러 대에 있다. 최고치는 44달러였다. 이렇게 원유가격이 상승한 이유는 인플레이션도 있었지만 트럼프의 이란 핵협상 탈퇴로 인한 중동의 긴장과 OPEC(석유수출국기구)라는 카르텔의 재편이 있었기 때문이다. 걸프만 국가들과 사우디가 수장 노릇을 했지만 지금은 OPEC+라고 하여 사우디와 러시아가 수장을 맞는 격변이 일어났기 때문이다. 러시아는 이란의 동맹임에도 불구하고, 원유수출에 대한 이익을 위해서 잠시 눈감는 상황이 벌어지면서 유가는 급등했고, 7월과 8월 들어 이란 대통령 하산 로하니와 트럼프의 설전이 벌어지면서 긴장도를 높이고 있다.

[집중분석]美 **이란**제재 부활… 정유업계, **이란**산 수입↓ 미국산↑

브릿지경제 | 2018.08.08.

전혜인 기자 hye@viva100.com도널드 트럼프 미국 **대통령**은 7일(현지시간) 對**이란** 제재가 공식 발효된 가운데 트위터를 통해 **이란**과 사업하는 누구든 미국과는 사업할 수 없을 것이라고 천명했다. 트럼프 행정부는 지난 5월...

[종합]볼턴 "정의용과 북한산 석탄 韓 밀반입 관련 통화"

뉴시스 | 2018.08.08. | 네이버뉴스

그러면서 "미국은 제재 완화를 전혀 고려하지 않고 있고, 북한이 비핵화 할 때까지 미국은 **이란**에게 한 것처럼 최대 압박을 계속해서 가할 것"이라고 강조했다. 또 "(도널드) 트럼프 **대통령**은 여기에 대해 매우 확고하다"며...

**이란** 로하니 **대통령**, 미국 경제제재에 "**이란** 경제 건재할 것" 호언장담…현실...

스페셜경제 | 2018.08.08.

하산 로하니 **이란 대통령** 하산 로하니 **이란 대통령** [스페셜경제=정의윤 인턴기자]하산 로하니 **이란 대통령**이 미국이 대이란 경제 제재를 복원하더라도 이란 경제는 건재할 것이라며 물러서지 않겠다는 뜻을 내비쳤다....

**8월8일 이란제제와 관련된 뉴스와 이란 대통령이 미국에 경고하는 뉴스**

여기다 증산이 빨라질 줄 알았는데 점점 더뎌지고 있고, 미국마저 생산량 증가속도가 둔화되고 있기 때문에 하반기 유가 상승 가능성은 높아 보인다. 다만 내년에도 상승할지는 미지수이다. 그럼으로 단기적인 시각에서 접근할 필요가 있다. 필자는 유가 상승 이유를 8월에 나왔던 미국의 기업투자 증가와 관련된 부분에서 찾아야 한다고 생각한다. 모건스탠리 보고서에 의하면 미국 2분기 기업투자의 절반 가까이 원유산업 관련 업종에서 나왔고, 나머지는 다른 업종들에서 나왔다.

1분기에는 원유 관련 기업 투자가 상당히 미미했으나 2분기에 투자가 급증하면서 백악관이 유가 하락을 원하는 것이 아니라 유가 상승을 원하는 것이 아니냐는 의문을 갖게 한다. 결국 트럼프가 원유산업을 키우고 있다는 뜻으로 받아들여도 되는 것이 아니냐는 해석이다. 그리고 지금 트럼프 정부의 경제 압박이 심각한 베네수엘라는 원유 매장량이 세계 1위로 알려져 있으나 미국의 경제제재로 참담한 상황에 있으며, 원유생산도 제대로 이뤄지고 있지 않아 위기상태에 있다. 이란도 제제를 한다면 유가는 상승할 수밖에 없다. 2018년 7월 2주차 미국의 원유생산량은 하루 평균 1100만 배럴을 넘겼다. 이는 사우디아라비아 보다 많이 생산하는 것으로 전 세계 2위라 할 수 있다. 참고로 부동의 1위는 러시아다. 그러므로 트럼프 입장에서 유가가 폭락하는 것을 원하지 않을 수밖에 없다. 결론적으로 이란에 대한 제재는 계속될 것으로 보이기 때문에 유가는 현재의 60달러 대에서 머무르지는 않을 것으로 보인다. 그러므로 투자해볼 만한 투자처라고 생각한 것이다. 지난 번 책에서 미국 원유 ETF를 소개했다면 이번에는 한국 ETF를 소개하고자 한다.

**TIGER 원유선물 Enhanced (H)차트**

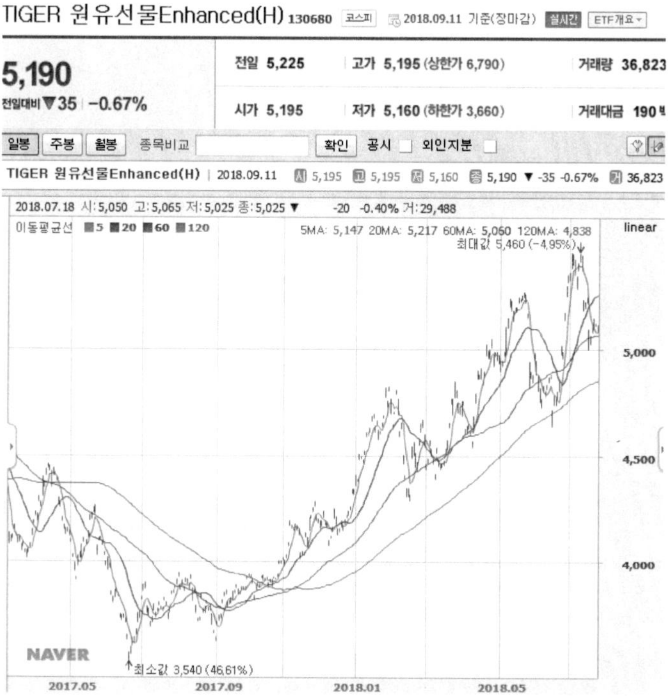


원유가격의 움직임을 그대로 추종하는 TIGER원유선물 Enhanced(H)이다. 작년부터 꾸준히 상승 중에 있으나 최근 7월 들어 조정을 받았다. 앞으로도 전고점은 충분히 넘길 수 있을 것으로 보인다. 만약 원유 ETF에 투자한다면 미국과 이란 이슈에 집중할 필요가 있고, 사우디와 러시아 등의 증산 속도 또한 관심 깊게 보면서 매도 타이밍을 잡는데 기준으로 삼아야 한다.

## 스페셜 리포트 1

# 베트남 투자 열풍
# 앞으로도 계속 지속될까?

**경제위기가 아닙니다. 문화의 위기도 아닙니다.**
**인간의 위기입니다.**
**위기에 빠진 것은 인간입니다.**
**파괴되고 있는 것은 인간 자신입니다.**
**- 프란체스코 교황 -**

3월 20일 모르는 이로부터 한 통의 전화를 받았다. 40대의 여성분 목소리였는데, 대뜸 베트남 펀드를 올해 1월에 투자했는데 어떻게 해야 할지 알아보려고 연락했다고 했다. 2월의 폭락을 겪고 나서 내 블로그 포스팅을 봤는데 유일하게 비판적으로 썼다며 이유를 묻고 싶다고 했다.

**필자** : 어느 정도 금액을 투자하셨나요?

**A 고객** : 사실 예금과 적금 만기된 자금 2억을 다 넣었어요. 작년에 아는 언니가 베트남에 투자해서 수익을 많이 냈다고 해서 1월에 만기가 되어 나온 6개 통장에 있는 원금을 은행 직원에게 문의해서 베트남에 다 넣었어요. 예금, 적금 금리가 너무 낮다 보니 욕심이 많이 나더라고요.

**필자** : 그럼 2억은 현재 현금성 자산에 몇 %정도 됩니까?

**A 고객** : 거의 다에요. 비상자금으로 2~3천만 원 정도 빼고는 모두요.

**필자** : 왜 그렇게 무모하게….

**A 고객** : 아는 언니와 몇몇 지인들이 베트남 좋다고 하도 말을 많이 하기에 너무 기대하면서 투자했는데 2월 달에 하락하는 거보고 너무 깜짝 놀랐어요. 그래서 잠도 잘 안 오고….

**필자** : 그렇군요. 현재는 회복했나요?

**A고객** : 네 3% 정도 플러스더라구요.

**필자** : 저는 70%를 줄이라고 하고 싶네요. 솔직히 모두 매도하라고 하고 싶네요. 절대 못 버티시고 손절하실 겁니다. 그리고 베트남은 힘들 겁니다. 내년은 더욱이요. 그러니 아예 쳐다보지 않는 게 좋습니다. 다시 증시가 좋아지시면 매도했다고 후회하실 거고, 하락하면 30%있는 거 하락한다고 후회하실 겁니다. 그래서 저는 보지 마시라고 하고 싶네요.

**A고객** : 앞으로 베트남 떨어질까요?

**필자** : 네! 쉽지 않을 겁니다. 롤러 코스트를 탈겁니다.

이후 베트남 증시는 더 올라갔다. 그리고 4월 1일 한 번의 통화가 더 있었다. 대표님 말씀하신 것처럼 팔고나서 올라가는 걸 보니 아쉽다는 내용이었다. 그러나 나는 오히려 팔기를 잘했다고 말씀드렸다. 그리고 나서 2월보다 더 큰 하락을 했다. 나중에 전화가 걸려와서는 만약에 팔지 않았더라면 자신을 책망했을 것 같다는 얘기였다. 이번 상황을 두 달여 겪으면서 다시는 펀드는 못할 것 같다고 했다. 오래 묵혀두면 되겠거니 했지만 그 전에 사람 잡겠다는 생각이 들었다고 한다. 사실 이 고객은 펀드나 주식을 해보지 않아서 절대 큰돈을 투자하면 안 되는 분이었다. 그리고 베트남은 더욱 변동성이 크기 때문에 조심해야 했다. 왜 베트남 펀드가 위험했는지를 근거를 가지고 하나씩 정리해보고자 한다.

2018년 1월 경제전망이 밝다는 의견들이 쏟아져 나왔고, 이 중 베트남은 단연 으뜸이었다.

인기몰이 **베트남펀드**…'한국투신운용' 가장 잘 굴렸다
뉴스1 | 2018.01.31. | 네이버뉴스 |

© News1 이은주 디자이너 6개월 수익률 38.21%…운용사 성과 1위 설정액 7688억원…올해에만 1500억원 자금 유치 한국투자신탁운용이 **베트남펀드**를 가장 잘 굴린 것으로 나타났다. **베트남펀드** 운용사 중 수익률이...

[머니S토리] 해외주식형**펀드** '러·브샷' 준비됐나요?
머니S | 2018.01.31. | 네이버뉴스 |

해외주식형**펀드**의 1개월 수익률을 국가별로 살펴보면 ▲**베트남**주식**펀드**(12.22%) ▲브라질주식**펀드**(10.32%) ▲러시아주식**펀드**(10.27%)가 두자릿수의 높은 수익률을 나타냈다. 이처럼 해외주식형**펀드** 중에서도 브라질과...

결국 올해도 베트남의 해가 될 것처럼 기사들은 쏟아져 나왔다. 작년 베트남 펀드의 수익률이 40%를 넘었고, 올해도 더 갈 것이라는 전망이었다. 상승장에서 더욱 빛날 펀드라는 것이다. 그래서 필자는 베트남의 경제상황과 증시 그리고 채권 및 환율 등을 유심히 지켜 볼 수밖에 없었다. 강의 때와 고객 상담 시 가장 많은 질문이 베트남 펀드와 부동산이었기 때문이다. 그래서 베트남 시장을 분석한 결과 필자의 생각을 정리해보기로 했다. 이런 기사를 보고 베트남의 환율과 금리를 확인한 결과 매우 이상하다는 생각이 들었다.

그래서 여러 리포트를 읽어보게 되었고, 매우 긍정적인 면만 부각시키는 것을 보면서 글로벌 경제의 흐름에서 '베트남이란 한 나라는 예외인가?'라는 의문을 가지고 2월부터 쓰기 시작한 베트남에 대한 블로그 포스팅이 5월까지 8개 정도가 되었고, 그 중간에 베트남에 대한 문의는 50여 차례 받았다. 투자한 장본인들도 뭔가 찜찜함이 있었기 때문이다. 그중에는 베트남 부동산에 투자한 고객도 있었다. 특히 부동산 투자는 워낙 금융권에서도 많이 추천을 했고, 어떤 금융기관에서는 베트남 부동산 투자를 위한 투어도 기획하여 간다고 들었다. 필자는 이미 이런 현상만으로 베트남의

버블이 심하다는 생각이 들었다. 먼저 필자가 의문스러웠던 점을 몇 가지 정리하고자 한다.

첫 번째, 베트남 증시의 대표 지수 중 하나인 VN30 지수를 살펴보자.

2016까지 바닥을 기던 주가가 갑자기 폭발하며 상승한다. 2018년 1분기까지 쉼 없이 달렸고, 조정을 받으면 들어갈 기회라며 계속 올랐다. 대략 2.5배 정도의 수익률을 2년 만에 낸 것이다. 베트남이 엄청난 성장을 하고 있다하더라도 이건 너무 빨랐다는 생각이 들었다. 버블이 낀다는 게 무조건

나쁜 것은 아니고 미래를 선반영하는 차원이니까 '그럴 수도 있지 뭐!'라고 생각되었다. 늘 이런 일은 많았기 때문에 이해할 수 있었다.

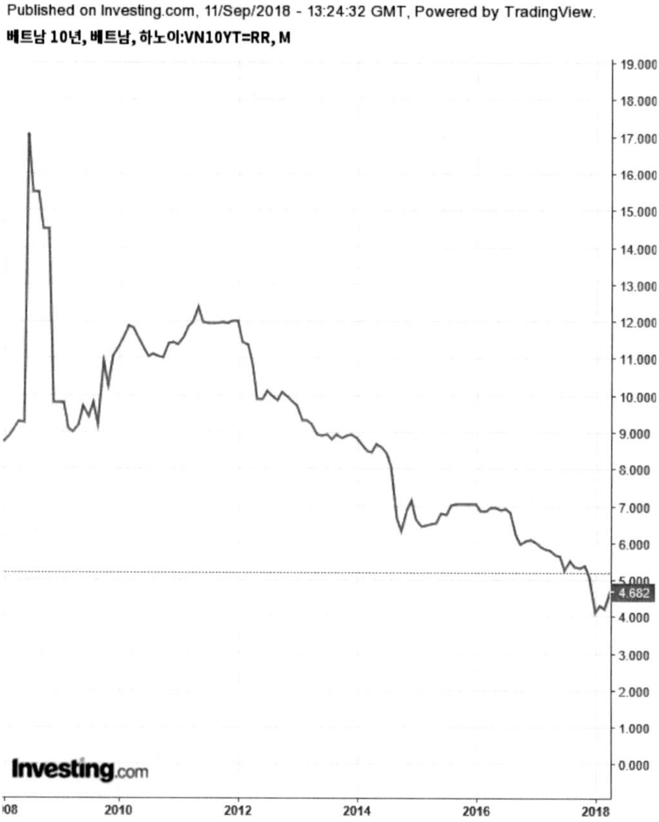


그리고 증시만 오른 것이 아니라 채권가격도 폭등했다. 금융위기 당시 베트남 국채 10년물은 17%대였는데 2018년 1월 4%를 찍는다. 이는 증시뿐만 아니라 채권시장에도 외국인 투자자들이 많이 들어왔다는 것을 의미한다. 그리고 시장금리의 하락으로 부동산 대출은 더욱 증가한 것을 예상할 수 있다. 결국 이런 시장금리하락은 베트남 부동산의 폭등을 일으킨다. 정말 한국의 부동산 버블은 버블도 아닌

상태까지 만들어 놓는다.

마지막으로 베트남 동 가격은 오히려 하락했다. 만약 위와 같은 상황이 되었다면 베트남 동 가격도 폭등했을 것이라는 예측은 당연시 된다. 그 이유는 증시와 채권/부동산 시장에 외국인 투자자들이 이렇게 꾸준히 들어왔기 때문이다. 베트남 동 수요는 폭발했을 것이라는 걸 예측하는 것은 지극히 당연한 게 아닌가?

그런데 베트남 환율차트를 보면서 놀랐다. 베트남 동 가격은 오히려 한 번도 달러 대비 강세였던 적이 없었기 때문이다. 계속해서 평가절하만 한 것이다. 이를 보고 매우 이상하다는 생각이 들었다.

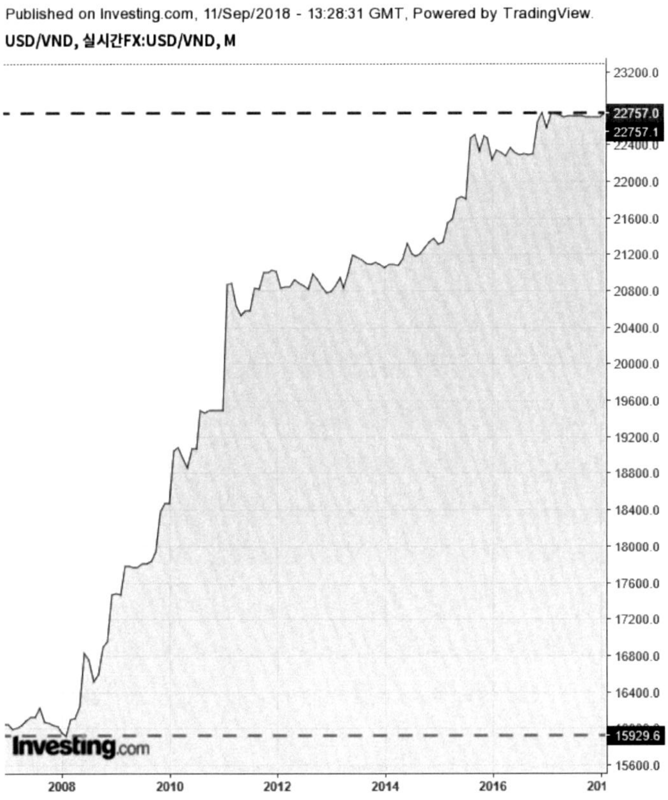

182페이지의 차트는 달러대비 동 가격을 나타낸 것이다. 2008년 금융위기 이후 한 번도 절상되지 못하고 달러대비 절하만 되고 있는데 16,000동이던 것이 22,757까지 상승한 것은 42% 절하되었다는 의미다. 쉽게 말해 2008년 100달러를 1,600,000동으로 바꿔서 금고에 넣어놓고 10년 후 다시 달러로 바꾼다면 대략 60달러만 준다는 것을 의미한다. 이것은 정말 우려스러울 정도였다. 베트남의 부동산 가격을 올린 나라 중에 가장 큰 역할을 한 나라는 한국이다.

상당히 많은 자본이 베트남 펀드와 부동산에 투자되었다면 원화 대비 베트남 동 가격은 매우 비싸야 되는 것이다. 베트남 동 수요가 많았기 때문이다. 그러나 차트를 보면 이 또한 충격적이다.

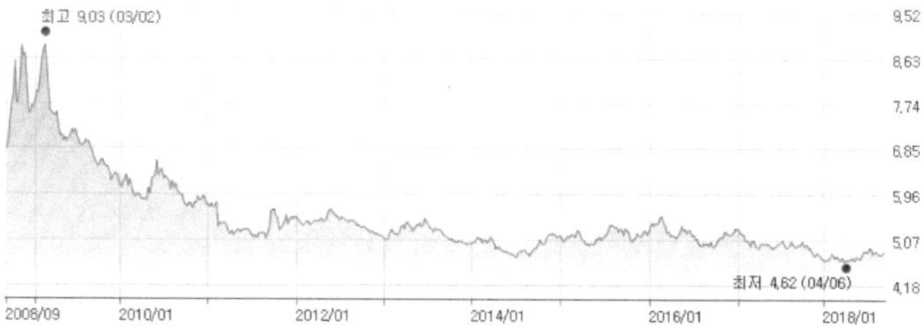


금융위기 당시 베트남 동 가격은 100동 당 9.03원이었다. 그런데 현재 4.7원까지 내려왔다. 대략 베트남 동 가격이 원화 대비해서 반 토막이 난 것이다. 이건 뭔가 잘못되어도 한참 잘 못되었다고 생각이 되었다. 그래서 자료를 많이 찾아봤지만 특별한 이유는 찾지 못했고, 수입물가 상승을 유도하여 자국 내 상품에 대한 수요를 증가시키고, 수출에 대한 가격 경쟁력을 위해 정부가 인위적으로 조절하고 있다는 것이다.

베트남 환율 정책은 고시 환율제이다. 2016년 1월 4일, 베트남 중앙은행(SBV)이 '일일 기준 환율'을 고시하는 환율 제도를 도입했다. 그래서 매일 달러화 대비 베트남 동 가격에 대해서 고시하게 되었다. 8개국 주요통화에 대해서도 가중평균을 값으로 고시하지만, 베트남 정부가 환율을 인위적으로 안정적이게 조작/운영할 수 있다는 것은 변하지 않았다.

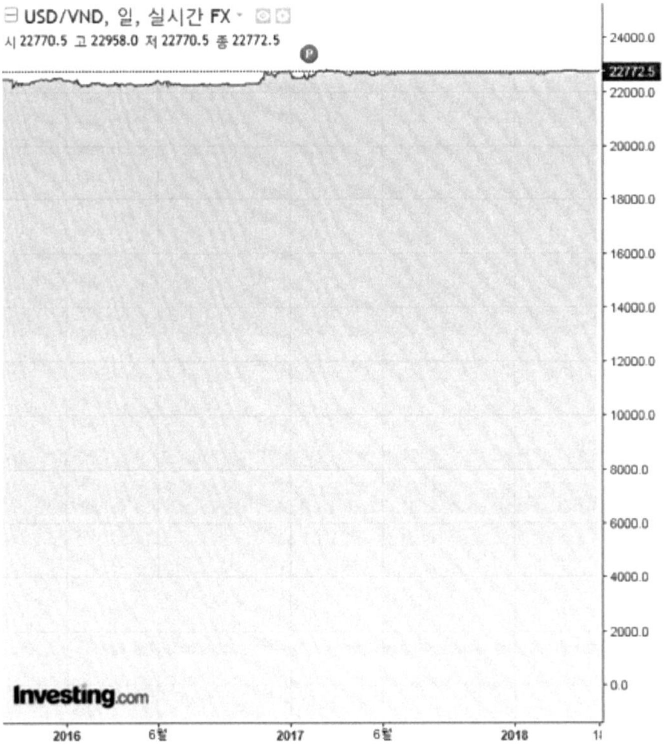


그래서 2016년부터 USD/VND 환율을 보면 수평선 같다는 생각이 들 정도로 상하의 움직임이 없다. 이런 부분 때문에 베트남에 관련된 리포트들은 베트남 동 환율이 안정적이라는 것을 강조한다. 달러의 변동성에도 위와 같은 안정적인 모습을 보였다는 것이다.

## 재래 시장에 왠 금은방?
## : 베트남 동에 대한 불신을 알아차리다

그래서 필자는 '베트남에 한번 가봐야겠다'는 생각이 들었다. 직접 보지 않으면 안 될 것 같았기 때문이다. 그래서 5월 3일 오후 3시 증권방송을 마치자마자 부랴부랴 인천공항으로 향했다. 4박 5일간의 호치민으로 출장이 시작된 것이다. 처음에는 '좀 쉬자'는 의미도 내포하고 있었지만 5월 4일 아침, 일찍 눈뜨자마자 호치민을 직접 돌아다니면서 부동산 시장을 확인해야겠다는 생각을 실천했다. 그 결과 거품의 징후는 다분히 농후하다는 것을 느꼈다. 그리고 쉬는 것은 포기한 채 매일 이슈가 되는 프로젝트 신도시를 확인하기로 마음먹었다.

그날 저녁, 네이버 카페에서 소개해준 현지 건설사 직장인 분을 만나는 행운을 얻었다. 그리고 필자가 베트남에 오기 전 궁금했던 사항에 대해서 물었고, 이에 대한 답변을 들으면서 의문점이 확 풀렸다. 그리고 미처 고려하지 못했던 부분까지 있었기 때문에 버블이 심각할 뿐만 아니라 외부적인 충격에 상당히 취약할 수 있음을 감지하게 되었다. 이를 정리해보았다.

### 자국통화인 동(Dong)을 신뢰하지 않는 듯 보였던 베트남 사람들

베트남에서 달러에 대한 신뢰도는 시장에서 알 수 있었다. 벤탄시장에서 달러는 대접을 더 잘 받을 것처럼 보였다. 상인들이 흥정을 할 때 '달러냐? 동이냐?'를 물어보는 일이 많았기 때문이다. 어떤 가게는 노골적으로 달러를 원했다. 그리고 모든 시장에는 환전소가 있었다. 안동 도매시장에서는 환전소 앞에 다양한 나라의 사람들이 환전 및 송금을 하는 모습이 보였다. 베트남을 검색하다보니 베트남 환전수수료가 상당히 비싸다는 글을 읽은 적이 있었는데 그게 이해가 갔다. 그리고 반찬이나 야채 그리고 커피 등을 파는 시장에 아이러니하게도 귀금속 가게가 많았다.

**배트남 도매시장 내에 자리한 귀금속 가게들의 모습**

통상 이런 현상은 자국통화를 믿지 못할 때 귀금속으로 바꿔놓는 행태로 나타난다는 것을 리포트로 읽은 적이 있다. 그리고 세계여행 프로그램에서도 후진국에서 자주 보게 되는 장면 중 하나였는데, 일단 돈 가치가 어떻게 될지 모르니 귀금속으로 바꿔놓는 것이었다.

만약 당신이 베트남 동을 가지고 있다면 10년 만에 반 토막이 난다는 것을 알고서도 가지고 싶겠는가를 따져볼 필요가 있다. 그런데 금과 은으로 된 쥬얼리를 산다면 이런저런 비용과 세공비가 20% 정도 깎일 것이다. 그렇다면 무엇을 선택할 것인가? 참고로 1996년 이후 베트남 동 환율은 2.3배 올랐다. 즉, 달러를 가지고 있다가 20년 후에 바꿔도 2.3배의 수익을 볼 수 있었다는 얘기다. 그러므로 쉽게 신뢰가 가지 않을 수밖에 없다.

### 부패지수가 높은 나라 베트남

베트남에서 만난 건설사 직원분과 미팅하면서 얻은 정보는 군부의 영향력이 강하다는 것과 뇌물이 당연시 된다는 것이었다. 이때 나는 환율이 상승한 이유를 얼추 짐작할 수 있었다.

그래서 확인하게 된 지표가 베트남의 '부패인식지수' 였다. '왜 갑자기? '라고 할 수 있지만 나는 매우 중요하게 보는 지표 중 하나이다.

먼저 이 지표에 대해서 간단히 설명하자면 국제투명성기구에서 조사하는 국가별 부패인식지수가 1995년 이후 매년 발표되고 있다. 국가별 부패 인식지수(Corrption Perception Index)는 약칭으로 CPI라 하며 100점 만점을 기준으로 한다. 각 국가의 부패 지수와 반부패 정책, 그리고 부패에 대한 심각성을 인식하고 이에 대한 수준을 평가하여 부패 지수를 작성하는 데 공공부문의 부패에 대한 전문가의 인식을 반영한다. 통상 공무원의 행정상 비리 및 효율성 등에 대한 조사이다.

한국의 부패지수는 2017년 기준으로 100점 만점에 54점이다. 2016년보다 1점 상승했다. 1위는 89점으로 뉴질랜드가, 2위는 88점으로 덴마크가 차지했다. 그 뒤로 핀란드, 노르웨이, 스위스가 85점으로 공동 3위를 차지했다. 소말리아, 남수단, 시리아 등이 최하위 권에 머물고 있고, 북한의 경우 17점으로 171위를 차지하고 있다. 베트남은 35점으로 나왔는데 2008년 금융위기 당시 27점 이후 꾸준히 점수가 상승하는 모습을 보이고 있다. 그러나 아직도 부패인식지수는 낮은 편에 속하고 있다.

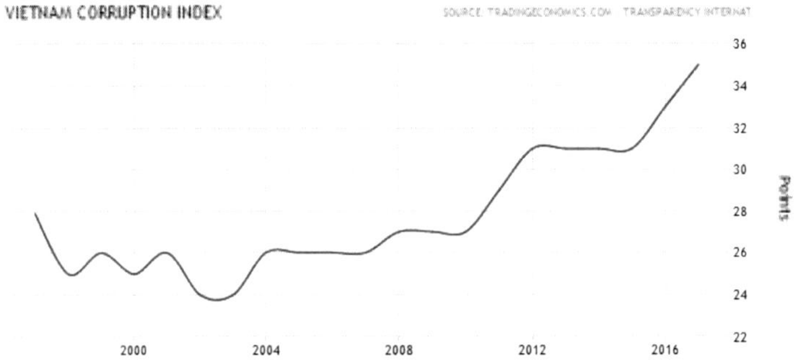


이렇게 낮은 단계이다 보니 순위도 100위권에 있다. 물론 120위권에 있다가 107위까지 좋아지긴 했지만 여전히 후진국의 부패수준과 비슷한 상황인 것이다. 이런 것을 뜬금없이 왜 베트남 경제에 대입을 하느냐는 의문이 들 수 있다.

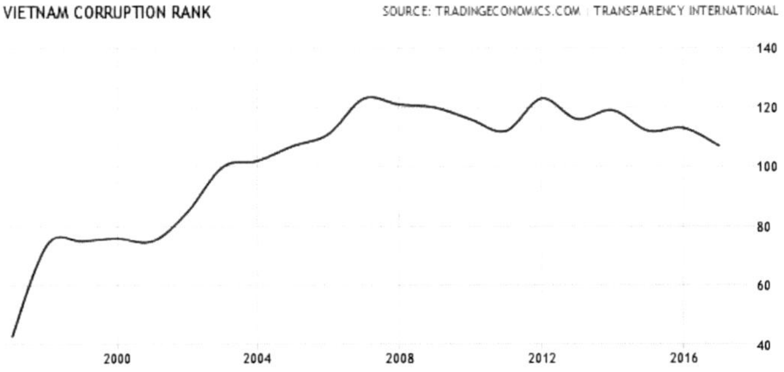


사실 부패인식지수는 국제 금융시장에서 해외 투자자들의 국가 신인도에도 영향을 끼칠 수 있으며 특히, 글로벌 시장이 위험할 때 가장 먼저 외환유출 가능성이 높은 국가도 이런 부패인식지수가 높은 곳에서 나타날 수 있기 때문이다.

해외 투자에 가장 큰 영향을 미치는 요소로 투자하려는 국가의 관료들의 부정부패가 꼽히는 이유도 그렇다. 그럼 좀 더 구체적으로 '이게 왜 환율에 영향을 미쳤을까?'에 대한 의문이 생길 것이다. 이 부분은 현지에서 오래 살고 있는 한국인들과 대화하며 알게 되었다. 그들은 그냥 이런 환율이나 경제지표를 모르고 얘기했지만 필자는 충분히 연결가능하다고 판단했다. 직접투자로 인해 외국인 투자자들이 많이 들어가더라도 베트남 동 가격 보다 달러의 수요가 더 많았다는 것은 공공부문에서 뇌물과 같은 비리가 많다는 것을 의미하고, 이는 동으로 받으면 달러로 환전하거나 아니면 달러를 받아서 지하경제를 이뤘을 가능성이 높다는 것을 의미한다.

1990년대 나왔던 안성기와 박중훈 주연의〈투캅스〉를 기억할 것이다. 여기서 형사의 비리는 생활이었고, 교통위반으로 딱지를 끊으면 면허증 뒤에 만 원짜리 몇 장을 넣으면 끝나는 시대였다. 우리나라의 공공 부문이라는 게 뇌물로 안 되는 게 없는 나라였다. 이로 인해 성수대교가 붕괴되었고, 삼풍백화점이 무너졌다. 그리고 IMF가 왔을 때 참담한 상황이 벌어졌다. 그렇게 좋았던 경제가 한순간에 취약해진 것이다. 드라마나 영화에서 IMF 당시의 상황을 보면 달러가 상당한 영향을 발휘했으며, 달러를 가지고 있다면 엄청나게 할인된 금액으로 건물이나 자산을 사 모을 수 있었다. 사람들은 원화보다 달러를 더 좋아할 수밖에 없었던 것이다. 원화는 자고 일어나면 떨어질 것 같았으니까…. 지금의 베트남은 딱 그런 느낌이었다.

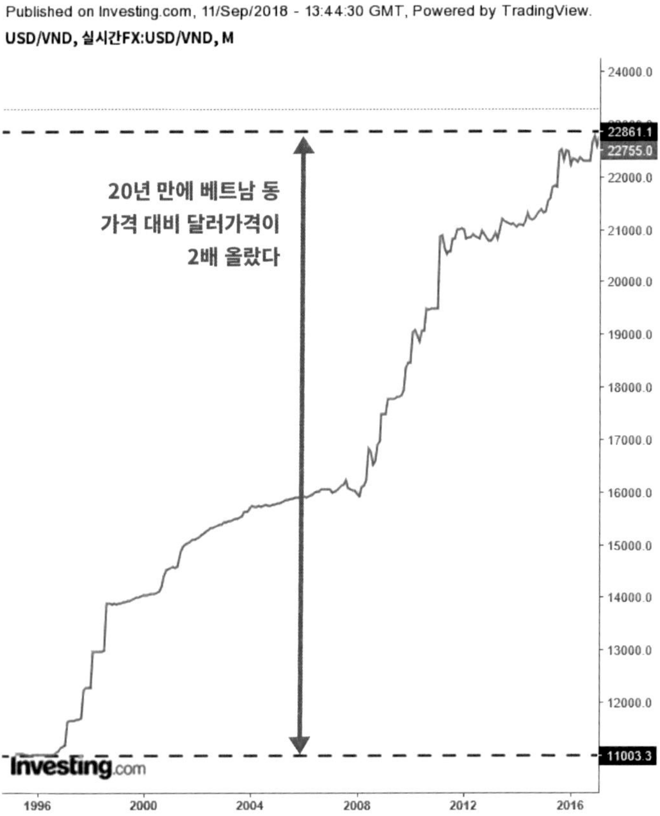


위의 차트를 보면 앞에서도 언급했듯이 베트남 동에 대한 신뢰가 떨어질 수밖에 없었던 것은 2008년 금융위기보다 더 오래전 부터였을 것이라는 알 수 있다. 1996년, 11000동 하던 1달러가 현재 22800동 하고 있으니, 20년간 평가절하만 하는 베트남 동보다는 달러가 좋다는 인식이 베트남 서민들의 무의식에 계속 누적되면서, 달러는 계속 비싸진다는 인식이 자리 잡혔을 수 있다.

그러나 이러한 부분은 미국 금리인상으로 긴축이 지속되는 현 시점과 앞으로 미국 금리인상이 2019년까지 3.5%의 금리가 올라가는 것을 목표로 하고 있는 상황에서 베트남 동 환율은 괜찮을까? 환율 차트만 봤을 때 이미 매우 가격이 하락한 상태이기 때문에 다른 나라의 환율보다 더 민감하게 달러에 반응할 것이고, 글로벌적인 달러 강세추세가 계속된다면 베트남 동 가격은 폭락할 가능성이 높다.

### 베트남 기준금리도 매우 취약

앞서 신흥국 설명에서도 언급했듯이, 2018년 4월 들어 이머징 시장의 환율에서 이상한 징후가 보이기 시작한다. 그런데 베트남도 이러한 문제의 국가들과 같이 기준금리를 2017년 말까지 인하한 나라였다.

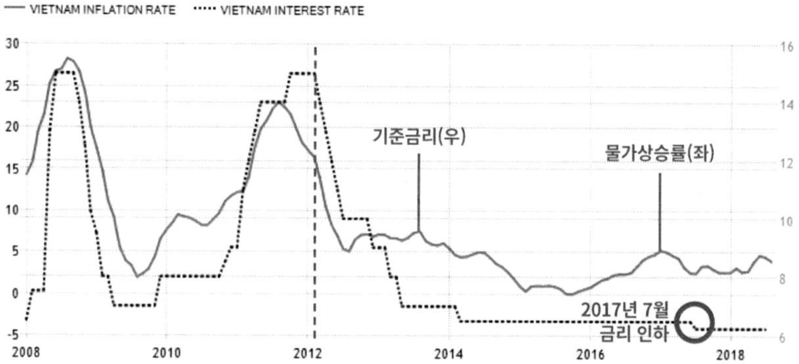


위의 차트를 보면 기준금리는 2012년 15% 이후 지속적으로 하락하여 마지막으로 2017년 7월까지 인하하여 6.35%를 유지 중에 있다. 문제는 인플레이션이다. 2.75%로 매우 낮은 상황이었다. 위에 있는 나라들 중 아시아에서 금리를 인하한 나라들이 모두 인플레이션이 낮은 나라였다. 즉, 인플레이션이 기준금리보다도 낮아서 오히려 기준금리를 내릴 수 있는 명분이 된 것이다. 그러나 필자가 직접 호치민을 돌아다니면서 느낀 것은 호치민의 물가가 상당히 높다는 것이다. 필자의 고향이 제주도이다 보니 관광지 물가가 비쌀 것이라는 정도는 알고 있지만 현지인들이 다니는 시장이나 식당 또한 그들의 월급을 고려했을 때 싸지 않았다.

베트남 동 가치가 계속 절하되다보니 당연한 현상이었을 것이다. 그럼에도 불구하고 이런 낮은 인플레이션은 이해가 가지 않았다. 호치민과 하노이 다낭 정도의 대도시만 물가가 높을 뿐 다른 지역은 낙후되었다거나 저유가가 하락에 한몫했다는 정도가 설득력 원인 중 하나일 것이다.

그러나 부동산 가격이 저 정도 올랐다면 그리고 증시를 올린 업종 중 부동산과 금융업종은 당연하다고 치고 필수 소비재 업종까지 상승한 것을 보면 이는 소비가 많이 증가했기 때문에 이를 반영해야하는 게 맞는다고 생각이 든다. 그런데 왜 이런지는 잘 모르겠다.

만약 미국의 기준금리가 올해 4회와 내년 3회를 인상한다면 베트남도 기준금리를 올려야 하는 상황이 될 것이다. 그렇다면 오히려 저 낮은 인플레이션은 더욱 하락하게 된다. 그러면 디플레이션 우려가 발생하게 된다. 어찌되었던 호치민의 물가는 그들의 평균 월급대비 매우 높게 체감되었다.

앞서 신흥국 위기에서 언급한 인도네시아와 인도 등이 금리 인상을 했거나 인상할 예정이라 나오고 있다. 그러므로 베트남도 기준금리를 조만간 인상할 수밖에 없을 것으로 보인다.

실제로 베트남이 기준금리를 올릴 수밖에 없는 글로벌 환경은 더욱 가속화되고 있다. 그러므로 '베트남도 기준금리를 올리게 되면 어떻게 될까?'를 중점적으로 고민해볼 시기가 된 것이다.

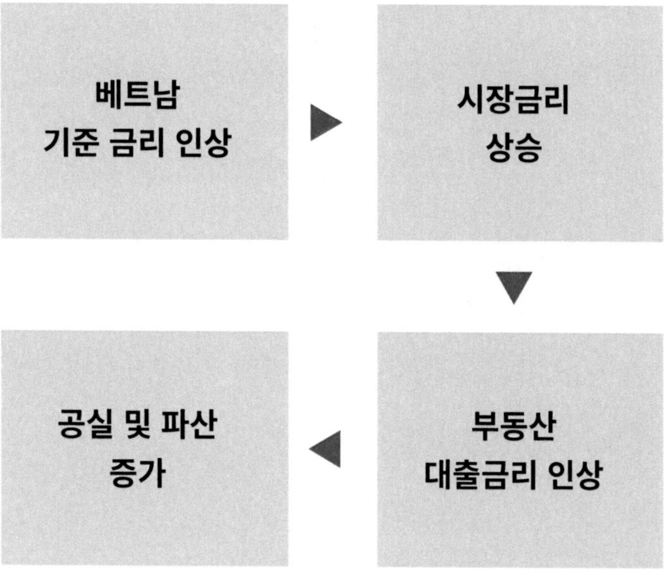


일단 증시와 채권으로 들어갔던 외국인들은 빠져나갈 것이다. 그리고 부동산 대출금리가 상승하면서 공급과잉 상태인 베트남 부동산 시장에 타격을 줄 수 있다. 추가적으로 베트남 동 환율이 달러대비 더 큰 하락을 한다면 기준금리는 더 빠르게 올릴 수밖에 없다. 그렇게 되면 환율이 방어가 될지 말지에 상관없이 금융시장의 충격은 커질 수밖에 없다. 이런 리스크는 아직도 내제되어 있기 때문에 조심해야 한다는 결론이 나온다.

### 내 집 마련의 로망 같은 집이 비어있는 이유

#### 1) 빈집이 가득한 호치민 프로젝트 시티

베트남 호치민 출장 후 복귀했을 때 주변지인들은 베트남 상황에 대해서 매우 궁금해 했다. 올해 들어 필자가 얘기한 것들이 얼추 맞아 들어갔기 때문에 베트남도 이전에 썼던 글처럼 실제로 위험해 보이는지가 핵심이었다. 그리고 강의에서도 베트남에 대한 이슈는 늘 질문 사항이었다. 필자는 한마디로 정의해보라고 한 지인에게 '생각보다 더 심각하다.'라고 요약했다. 한마디 덧 붙여서 '숫자보다 현실은 더욱 심각했다.'였다.

사실 한국의 부동산 거품을 비판한 것을 반성하는 시간을 가졌을 정도 였으니 말이다. 이런 상황에서도 베트남 부동산 투자 광고는 증권방송이나 인터넷에서 계속되는 것을 보고 쉽게 끝날 문제가 아니라는 것을 확실히 인식하는 계기가 되었다.

이것은 마치 영화 〈빅숏(Big Short)〉과 너무 닮아있었다. 베트남 호치민 부동산 투자에 대해서 광고하는 문구가 공인중개 사무실에 걸려 있었는데, 베트남 현지인이 하는 사무실임에도 불구하고 한국어로 아파트 투자에 대한 설명이 나온 것을 보고 좀 놀랐다. 한국인들이 베트남 부동산의 큰손인 것이다. 필자가 돌아본 부동산은 대부분 프로젝트 신도시들이었고, 지금 현재 분양이 되어 사는 곳부터 열심히 짓고 있는 곳까지 5곳을 돌아보았다.

직접 하루에 10킬로미터를 걸으며 자세하게 살펴보면서 돌아다녔고, 의심스러운 곳은 다시 가서 확인하였다. 〈빅숏〉의 인상 깊었던 한 장면이 생각났다. 마크 바움의 헤지펀드 직원들이 부동산 거품에 대한 현장답사 차 월가와 가까운 지역에 들어서자 100채가 넘는 전원주택 단지에 사람이 사는 곳이 4채여서 충격을 받는 장면이다. 그러나 호치민의 이 도시는 완공한지 1년 넘어 보이는 고급 전원주택 단지는 아무도 살고 있지 않았다.

그리고 '새집에 사람이 살지 않으면 빨리 낡는다'고 하는 말이 무슨 의미인지 이해가 될 정도로 고급주택이 빠르게 녹이 슬어가는 느낌이었다. 지인이 해외부동산 투자 쪽에서 유명한 분인데 이에 대해서 물었더니 본인회사도 베트남 쪽은 관심지역에서 뺐을 정도로 공급물량이 많다고 했다. 그리고 이 사진을 보여 줬을 때 베트남은 일명 '누드분양'이라고 해서 내부에 골조 형태로 그냥 분양을 하기 때문에 집을 매입해서 들어오는 사람이 내부 인테리어를 모두 해야 한다는 사실을 알게 되었다. 그래서 그 집을 매입하고도 큰돈이 또 들어가는 것이기 때문에 인테리어 비용까지 계산해서 집값을 산정하지 않으면 사기당하는 기분이 들 것이라고 했다. 그래서 한국 분들이 자주 문의를 주시면서 불만이 가장 많은 부분이라고 했고, 반드시 유의해야 하는 부분이라고 알려줬다.

그래도 의문이 드는 건 이렇게까지 오래 지어졌다는 것은 이미 분양은 끝난 것이고, 누군가는 이 집을 분양받았다는 것을 의미한다. 그런데 왜 이렇게 방치하다시피 놔둘까? 이 부분에 대해서는 베트남 현지에 사는 한국교민에게서 들을 수 있었다. 베트남 부자들은 매매차익만 기대하고 내부적인 투자를 전혀 하지 않으며 월세를 받기위해서 노력하지 않는다는 것이다. '왜?'라는 질문에는 '그냥 원래 그렇다.'라는 말 이외에는 없었다. 그래서 빈집이 많다는 것이다. 한국인이 하는 커피숍에 가서 인터뷰를 하는 과정에서도 같은 대답을 들을 수 있었는데, 그럼에도 불구하고 조만간 두 배는 더 갈 것이라는 확신에 찬 눈빛으로 얘기하는 것이었다. 그러나 한국교민들 대부분은 이 커피숍 사장님과 같은 생각을 피력했다.

이때 필자는 거품을 확신했다. 한국 부동산 시장은 비교도 안 되는 엄청난 거품이 껴있다는 생각이 들었다. 한국보다 더 베트남 부동산이 매력적이고 더 갈 것이라는 믿음, 즉, 근거 없는 신뢰가 거품을 키웠고, 그 자체만으로 더 갈 것이라는 확신을 준 것이다.

또 한 가지 베트남을 출발하기 전 가졌던 의문에 대해 현지 교민들에게도 똑같이 질문했다. “베트남 동 가격이 한국 원화보다 많이 떨어졌는데 무슨 이유인가요?” 그러나 돌아오는 대답은 “그래서 주재원들은 달러로 월급 받아서 매우 좋아한다.”는 쌩뚱 맞은 대답과 현지 베트남인들의 월급이 빠르게 올라가고 있다는 것을 들었다. 그렇다면 인플레이션 상승을 의미하는 것이다. 동 가치 하락은 인플레이션을 상승시키고 이를 보전해주기 위해서는 월급을 올려줄 수밖에 없기 때문이다. 작년에 맥도날드 버거가 5000원이었고, 올해 6000원이 되었다면 내 월급이 오르지 않은 이상 월급이 깎인 효과가 있는 것이다. 그러니 반대로 동 가격을 하락시켰다면 월급이 오르지 않으면 버거를 사먹을 수 없게 된다. 원재료 가격이 올라서 단가가 오를 것이기 때문에 여기에 맞춰서 올려야 하는 것이다.

**2)베트남의 부동산 분양정책이 가져올 위험**

현지 교민들과 대화를 하면서 분양제도에 대해 또 다른 사실을 알게 되었다. 30%는 외국인에게 분양을 하고 70%는 베트남인에게 분양을 한다는 것이다. 2~4억대의 고가 아파트를 저렇게 많은 지역에 짓고 있는데 70%를 베트남 사람들이 소화할 수 있을지 의문이었다. 일단 2018년 IMF 기준 베트남의 GDP를 보면 2204억 달러로 세계 45위이며 1인 당 GDP는 2354 달러로 세계 134위 국가다. 태국의 절반 정도 되는 GDP에 1인 당 GDP는 3분의 1 정도 수준이다. 그러니 태국보다 어렵게 사는 나라에 아무리 고급 아파트라 해도 쉽게 2억에서 4억을 얘기하고 어떤 고급아파트는 10억대가 넘는 다는 얘기를 할 때 도저히 이해가가지 않았다. 그럼 이게 어느 정도인지 감이 오지 않는 분들을 위해 PIR을 계산해보면 쉽게 이해할 수 있게 된다.

PIR은 가계의 연간소득 대비 주택가격의 배수로 쉽게 말해 주택가격/연간소득을 하면 나오는 수치로 단위는 연(年)으로 계산된다.

그렇다면 한국의 PIR은 얼마일까? 통상 7~10년까지 다양하게 나온다. 지역별로도 다르다.

한국의 1인 당 GDP가 3만 달러 된다고 가정하자. 환율이 1달러 당 1000원 가정 시 3000만 원이 된다. 서울 강북의 아파트 3억짜리를 산다고 가정하면 10원도 쓰지 않고 10년을 모은다면 집을 살 수 있다는 것이다. 여기에는 함정이 있다. 소득의 50% 정도는 생활비와 여러 비용으로 나간다는 것이다. 그렇게 되면 14~20년이 된다. 그리고 30%만 저축하게 되면 21~30년이 된다. 그래서 청년들이 집을 사려면 평생 모아야 아파트 하나 장만할 수 있다는 얘기가 나오는 것이다.

이렇게 베트남은 PIR이 얼마가 나올까? 일단 1인 당 GDP가 300만 원 정도 된다고 가정하자. 그러면 3억짜리 아파트를 사려면 100년이 걸린다. 50%는 생활비로 써야 한다면 200년이 걸린다. 그리고 연봉의 30%밖에 저축이 안 된다면 300년이 걸린다. 이 자체로 거품이 아닌가? 삼성전자에 다니는 베트남 사무직 연봉이 1000만 원 정도 된다고 한다. 일반 베트남인의 3배 정도가 된다고 들었다. 그렇게 되더라도 PIR은 30년이 되고, 절반 정도만 저축할 수 있다면 60년이 되며, 30% 밖에 되지 않는다면 100년이 된다. 이래도 거품이 아니라는 걸까?

또 한 가지, 삼성전자에 다니는 사무직 직원이 과연 다 소화할 수 있는 물량이긴 한 건가? 100% 확신하지만 절대 그럴 수 없다. 그렇다면 베트남은 경제가 어려워지면 분양정책을 전면 재검토할 것이다. 외국인에게 100% 분양할 수 있거나 그에 근접한 정책으로 완화할 수밖에 없을 것이다. 그러나 그럴 때에는 외국인의 수요도 끊긴 상황일 것이다.

**3)은행에서 알게 된 사실**

베트남 현지인의 소개로 한국인 은행원을 만나게 되었다. 내가 묻는 질문은 같았다. 그러나 상당히 곤란한 반응을 보이며 대답을 꺼려했다. 시간이 갈수록 대화하면서 편해졌고, 하나씩 질문에 대해서 아는 부분은 답변을 해줬다. 그 중 하나가 베트남 사람들의 변동금리 비중과 고정금리 비중이었는데 거의 모두가 변동금리를 한다고 했다. 그래서 그 이유가 있냐? 라고 물었더니 1%가 낮아서라는 것이다. 그리고 '앞으로 금리가 글로벌적으로 오르면 환율이 취약한 베트남은 더 빠르게 오를 텐데 우려되지 않느냐?'는 질문에는 '잘 모르겠다'는 답변이 나왔다. 그런데 조만간 대출금리가 오를 것이라는 소식은 알 수 있었다.

베트남의 주택 담보 대출 금리는 은행마다 다르지만 대형

은행에서 제시하는 금리는 변동금리가 7.69%였고, 고정금리가 8.8%였다. 나는 이 1%의 차이 때문에 변동금리를 쓰고 있는 베트남 호치민 부동산 시장에 충격이 올 것이라 확신했다. 앞으로 변동금리는 자산이 부실해지면 부실해질수록 변동금리는 더 빠르게 오를 것이기 때문이다. 그렇게 되면 파산자가 늘어날 것이고, 이로 인해 더 빠르게 부동산 가격은 하락할 것이다. 그리고 베트남 부동산은 금리인상기의 절정에는 매수자가 없는 상태에서 정부의 정책으로 해결할 수 있는지 관망하는 상태가 벌어질 것이라 예상이 되었다.

### 4)베트남 부동산 시장의 위축은 베트남 VN 지수도 하락시킬 것

VN 지수는 호치민에 상장된 지수로 352개의 종목으로 이뤄져있다. 그런데 이런 VN 지수를 상승시킨 종목 중 가장 큰 비중을 차지하는 업종은 금융업, 필수소비재, 부동산, 유틸리티 4가지이며 이들이 77%의 비중을 차지한다.

위의 네 가지 업종은 모두 연계가 되어있다고 해도 과언이 아니다. 은행에서 대출이 증가하니 금융업종이 상승했을 것이

**VN지수 산업별 비중**

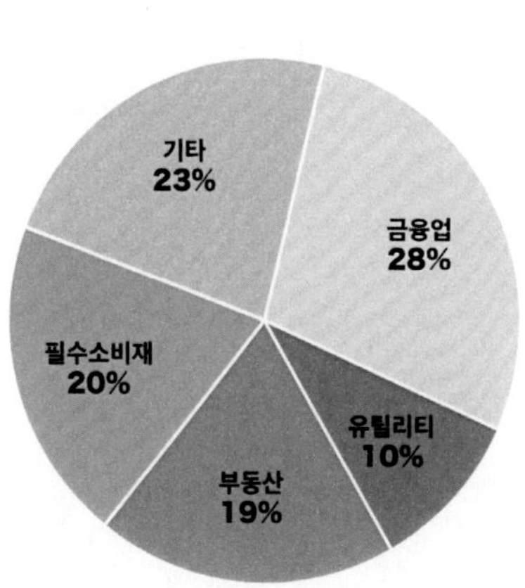

고 이게 대부분 부동산 담보대출로 갔을 테니 부동산 가격이 상승하여 부동산 업종이 좋았을 것이다. 부동산가격이 상승했으니 마트나 백화점 등에서 소비가 증가하며 휴대폰의 소비가 늘어나니 필수 소비재가 오를 수밖에 없다. 그리고 차량이 증가하고 아파트가 많이 지어지면 수도, 전기, 상하수도 공사 등의 유틸리티 업종이 상승할 수밖에 없을 것이다.

그러니 이런 업종에 속해 있는 종목은 지수가 2배 뛰었으니 10배 이상 오른 종목들도 꽤 있을 것이라 예상된다. 문제는 지금부터이다. 앞에서 언급했던 금리인상과 관련된 이슈가 부동산 시장에 타격을 준다면 가장 잘나가는 건설사들이 주가에 악영향을 끼칠 수밖에 없다. 그리고 공사가 중단되면서 부도율이 올라갈 것이다. 은행은 악성부채에 시달릴 가능성이 높다. 그러므로 금리는 급하게 올리게 되고 파산한 부동산 매물들을 압류하게 된다. 이것이 증가하면 부동산 시장은 더욱 가파르게 하락하고, 소비가 축소되며 공사가 중단되는 건수가 늘어난다면 유틸리티 업종도 힘들어지게 된다.

결국 베트남 자체의 문제가 아니라 미국의 금리인상과 달러 강세가 만든 글로벌 시장분위기에서 얼마나 잘 버틸 수 있느냐는 위에서 지적한 베트남 환율과 기준금리 그리고 건전한 투자수요였는지 아니면 투기수요였는지 등이다. 나는 마지막 비행기를 타기 전까지 돌아다니면서 투기적 수요가 다분한 도시를 보면서 '사상누각(沙上樓閣)'이라는 고사성어가 생각이 났다.

비전만을 반영하며 실제수치보다 너무 앞서나간 느낌이었다. 아직 모래 위라 골조부터 튼튼하게 했어야 하는데 급한

김에 집모양은 먼저 만들어야겠으니 그냥 지어 올린 것이다. 내부에는 비어 있고, 겉은 그럴 듯한 모래 위에 지은 집 말이다. 밀물이 들어오면 하층부터 쓸려 내려갈 가능성이 높은 불안하면서 화려한 집들 말이다.

2018년 5월 17일, UBS는 16~20개월 후 미국은 경기침체가 올 수 있다고 했다. 결국 2019년 말에 금리인상이 끝나는 시점과 비슷하다. 그렇게 된다면 이머징 시장은 어떻게 되어 있을지 안봐도 비디오다. 베트남을 다녀와서 필자가 준비하고 있는 자문사와 사모펀드의 방향을 정했다. 바로 베트남이었다. 다만 경기침체가 발생한 후였다. 대부분의 글로벌 이코노미스트들은 2020년이라고 하고 있지만 내 생각은 이머징은 그보다 빠를 수밖에 없고, 그렇게 된다면 베트남 부동산 매물들은 과하게 할인된 금액에 나올 가능성이 높아보였기 때문이다. 그리고 베트남 호치민의 사람들을 보면서 매우 젊고 활기차며 역동성이 느껴지는 게 상당히 매력적으로 다가왔다. 미국이 금리를 본격적으로 인하하는 2020년 시기에 베트남에 투자하기로 결정했다. 그리고 2~3개월 마다 베트남의 곳곳을 돌아다니며 투자에 대한 시각을 넓힐 계획을 잡았다.

노키아는 스마트폰 특허기술을 이미 2005년도에 거의 다 가지고 있었고, 스마트폰을 만들 수 있는 기술이 있었음에도 만들다가 포기했다고 했다. 시기적으로 너무 이르다는 판단에서였다. 결국 시장의 변화는 대세인 스마트폰으로 변하면서 노키아는 부도가 났다. 좋은 투자처를 아는 게 중요한 게 아니라, 언제 들어가야 하는지에 대한 결정이 매우 중요하다. 베트남에 대한 긍정적인 미래가 있다고 하여 이렇게 지수가 높은 시기에 투자하는 것은 매우 위험하다. 글로벌 위기가 온다면 베트남은 훨씬 취약할 수 있기 때문에 기다릴 필요가 있다. 다시 말해서 베트남에 같은 투자를 하더라도 시기만 늦추면 반값에 할 수 있는 기회가 오고 있다는 의미다.

꽃은 우연히 피지 않습니다.
계절의 순환에 따라서
꽃이 피고 지는 것 같지만,

한 송이 꽃이 피기까지는 그 배후에
인고의 세월이 받쳐주고 있습니다.

참고 견딘 그 세월이
받쳐주고 있습니다.

모진 추위와 더위,
혹심한 가뭄과 장마,

이런 악조건에서 꺾이지 않고
꿋꿋하게 버텨 온
나무와 풀들만이

시절 인연을 만나서 참고 견뎌 온
그 세월을 꽃으로 혹은 잎으로 펼쳐 내는 겁니다.

- 2009년 길상사 법문 중에서 -

## 스페셜 리포트 2

# 보수 우파의 승리로 브라질 국채의 가격은 상승할 것이다?

**공학자들은 다리를 만들고 금융공학자들은 꿈을 만든다.**
**그 꿈이 악몽으로 판명되는 순간**
**다른 사람들이 대가를 치른다.**

**- 영화 〈인사이드 잡〉에서 -**

2018년 4월 7일, 룰라는 구속되었다. 이로 인해 보수우파의 지지율은 선두를 달렸고, 보수우파의 연금개혁 가능성이 높아졌다는 이유로 브라질 국채 투자자들은 환호했다.

[이슈추적]브라질의 룰라, 감옥에서 지지세력 규합 택했다
https://news.joins.com/article/22541708 ▾
2018. 4. 17. - 최고의 경제 호황을 누렸던 룰라 시절에 대한 향수, 미셰우 테메르 현 정권의 ... 루이스 이나시우 룰라 다 시우바 브라질 전 대통령이 택한 '죽어서 사는 길'이 그를 ...

브라질 대선 안갯속...룰라 1위 여론조사 결과로 불확실성 커져 - 연합뉴스
www.yonhapnews.co.kr/bulletin/.../0200000000AKR20180417002700094.HTML ▾
2018. 4. 17. - 노동자당 "대선후보로 룰라 내세울 것"... 대선주자들 "판세 변할 것" : (상파울루=연합뉴스) 김재순 통신원 = 브라질 대선이 5개월여 앞으로 다가왔으나 불확실성은 ...

브라질 대선 안갯속...룰라 1위 여론조사 결과로 불확실성 커져 - SBS 뉴스
news.sbs.co.kr/news/endPage.do?news_id=N1004716493 ▾
2018. 4. 17. - 브라질 대선이 5개월여 앞으로 다가왔으나 불확실성은 갈수록 커지고 있습니다. 정치권은 좌파 노동자당의 루이스 이나시우 룰라 다 시우바 전 대통령이 수감된 상태 ...

브라질 국채에 대한 애널리스트 등의 전문가들은 매우 긍정적으로 보고 있으며 지속적인 투자처로 추천했다. 보수우파가 연금개혁을 실현할 적임자라는 게 이유 중 하나다. 그러나 브라질 채권 분석 리포트의 내용으로 브라질 국채를 사야한다는 논리라면 절대 들어가면 안 된다. 이는 정치적인 내용을 전혀 이해하지 못하는 사람이 분석한 글이기 때문이었다. 그래서 필자는 이에 대해 강의와 블로그에서 정치적인 면에서의 브라질 위험에 대해 얘기했었고, 브라질 국채를 추천하는 자산운용사와 언론에 대해 비판했었다. 필자가

쓴 블로그 중 가장 인기 있던 글 중 하나가 '또 브라질 국채 사란다.'였다.

또!!! 브라질국채 사란다.!!! 경제시황 2018. 2. 23. 15:29 수정 삭제

https://blog.naver.com/lhry8098/221214974964

통계보기 번역하기 전용뷰어 보기

http://news.einfomax.co.kr/news/articleView.html?idxno=3435762

**'미워도 다시 한 번'…증권가, 브라질 국채 마케팅 드라이브 - 연합인포맥스**

(서울=연합인포맥스) 김경림 기자 = 증권사들이 다시 브라질 채권 판매에 속도를 내고 있다.쿠폰 수익률이 다른 채권 대비 여전히 매력적인 데다..

news.einfomax.co.kr

증권사 브라질 국채 판매 속도 올려

브라질의 치안이 매우 심각한 상황에서 이 기사가 눈에 띈다.
증권사들이 다시 브라질 국채 판매에 열을 올리고 있다는 내용이다.
역시 이렇게 열을 낼때 문제가 꼭 터졌던 기억이 있다.

미래에셋 대우의 경우 작년 까지 8900억 규모의 브라질 국채를 판매했다고 한다. 그리고 이번 두달도 채 안되는 기간동안 812억을 판매했다고 한다. 두달 만에 몇년간 판매한 채권의 10분의 1을 판매한 것이다.

2월 23일에 작성한 글로 '미워도 다시 한 번'이라는 제목으로 브라질 국채를 추천하는 기사를 분석하여 비판한 글이었다. 미래에셋 대우증권에서 브라질 채권 판매 속도를 올리고 있으며 작년 8900억 규모의 브라질 국채를 팔았는데, 두달도 채 되지 않아 812억을 팔았다는 뉴스였다. 벌써 작년 판매규모의 10분의 1을 판매했다는 것이다. 그래서 브라질 국채 수익률을 보았다.

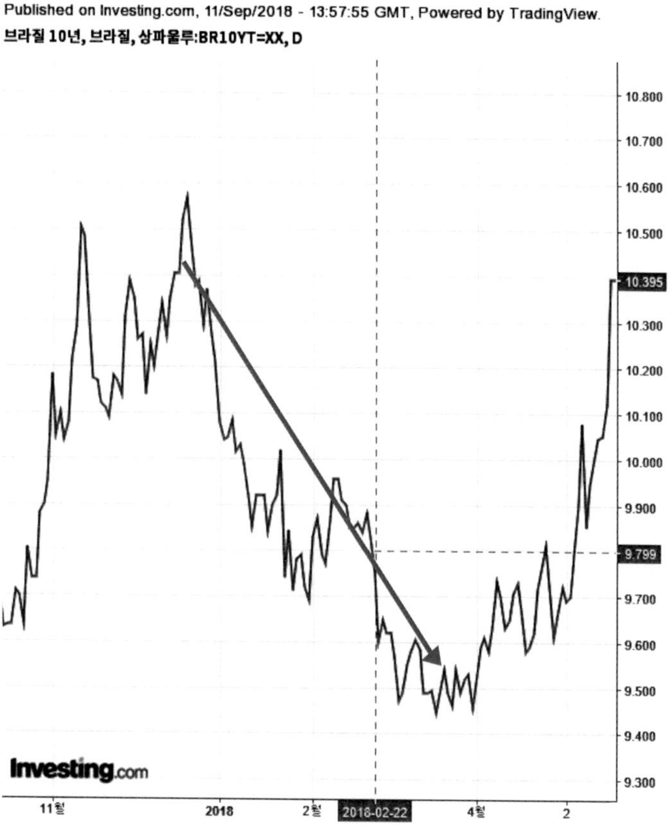


차트에서 회색 실선 교차 지점을 체크한 브라질 국채 10년물이 9.8%를 기록한 날이 필자가 블로그에 글을 쓴 날이었다. 2016년 브라질국채 10년물의 금리는 17%였다. 그런데 9.8%까지 하락했으니 국채가격은 당연히 폭등한 것이다. 그래서 '여기서 가격이 더 오르면 얼마나 오를까?'에 대한 의문이 생길 수밖에 없는 상황이었던 것이다.

즉, 9% 이하로 채권금리가 하락할 것이라는 장밋빛 전망을 믿지 못했다. 미국과 선진국의 긴축스탠스라는 대외적 여건도 그렇지만 브라질의 정치적 혼란은 오히려 채권금리를 인상시키는(즉, 채권 가격을 폭락시킬 수 있는) 얘기들이었기 때문에 오히려 9%대에서 팔아야 한다는 주장을 한 것이다.

구체적으로 들어가서 브라질 채권에 대한 긍정적인 리포트들에 반감을 가질 수밖에 없었던 것은 미국의 금리를 꾸준히 올리고 있고, 미국채 10년물 금리도 3%까지 오르고 있는데 브라질 국채 금리는 내려간다는 게 일단 상식적으로 맞지 않는다는 생각이었다. 단기적으로 일시적인 현상은 될 수 있어도 장기적으로 오를 수밖에 없다는 것은 국채시장을 이해하는 사람에게는 당연한 것일 수밖에 없다.

사람들은 매년 10%의 이자만 받는 것으로 만족한다는 말을 하지만 만약 금융위기가 온다면 브라질은 계속해서 10%의 이자를 줄 수 있을까? 오히려 채권금리 폭등으로 이자부담에 대한 모라토리엄 선언을 걱정해야할 때가 아닌가?' 하는 생각을 해 볼 필요가 있다.

브라질 국채는 왜 이자를 많이 줄까? 그만큼 주지 않으면 돈을 빌려주지 않을 정도로 위험하기 때문이다. 즉, 금리가 그 나라의 사정을 어느 정도 말해주는 것이다. 그런 의미에서 브라질에 투자할 때는 브라질 정치권의 움직임도 중요하게 봐야 한다.

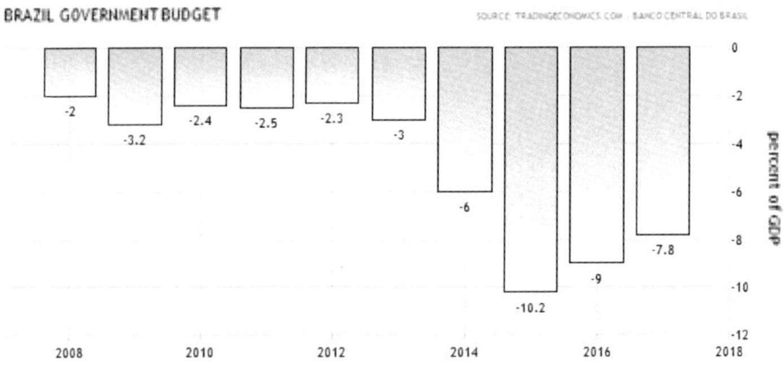

차트에서도 보듯이 브라질의 재정적자 문제는 심각한 것이고, 이를 매우기 위해 국채를 발행해서 해외에서 돈을 빌리는 것이다. 그러면 해외 투자자들이 브라질 국채에 매력을 느끼게 하려면 만성 재정적자를 없애야 한다. 그러기 위해서 연금을 축소하는 게 가장 효과적인 방법이라고 판단한 것이다.

그러나 연금 축소를 실행하는 건 가장 어려운 일이다. 국민들을 설득해야하기 때문이다. 그런데 아이러니한 건 그 적임자가 지지율 20%도 안 되는 보수 우파라는 점이다. 추가로 보수우파의 지지율이 상승하면서 브라질의 정치도 안정이 되고 있는 전망이 뉴스에서 나오고 있다. 매우 상식적인 수준에서 생각을 해봐도 지지율 1위인 룰라 전 대통령이 구속되었고, 시위는 더욱 거세지고 있는데 20%도 채 되지 않는 보수우파 당이 지지율 1위를 달리고 있으니 안정될 수 있을까?

지지율 20%도 되지 않는 정당의 대통령이 국민의 연금 삭감 정책이 시행되면 우리나라 촛불시위를 뛰어넘어 연금개혁 시작과 동시에 탄핵이 일어날 수 있는 매우 위험한 리스크라고 보는 것이 상식적이지 않은가? 이때 국채 가격을 생각해볼 필요가 있다. 보나마나 폭락이다.

난폭해질 대로 난폭해진 고양이 목에 방울을 달 사람은 국민의 지지를 가장 많이 받은 정당과 대통령만이 할 수 있는 것이다. 좌파의 대통령 후보는 절대 국민연금을 삭감하지 않으려 할 것이라는 논리 때문에 정작 국민의 지지는 받지 못하는 우파가 그것을 해낼 것이라 생각하는 것은 정치를 전혀 모르는 바보들의 말장난인 것이다. 차라리 룰라가 대통령이 되었을 때 룰라에게 국민연금을 삭감할 수 있도록 설득하는 편이 브라질 채권 투자자에게는 훨씬 좋은 방법이 될 수 있다. 국채는 곧 이런 정치적 현실을 반영할 수밖에 없다. 국채금리는 곧 정부의 신뢰도이기 때문이다. 그래서 지금 고양이 목에 방울을 달아야 하는 사람은 보수우파가 아니라 지지율이 가장 높은 룰라여야 그나마 성공할 수 있다는 결론이 나오는 것이다. 하물며 국민의 지지도 받지 못하면서 공권력을 이용해 정권을 잡으려는 당이 정부가 된다면 외국인 투자자 입장에서 이게 좋아 보이겠는가? 연금 축소에 대한 반발이 심해지면 금리는 급등할 것이고, 탄핵 얘기가 나오면 더 금리가 올라갈 것이다.

먼저 이와 비슷한 사례를 하나 들어 보자. 2010년, 남유럽 위기가 터진다. PIGS라고 하여 포르투갈, 이탈리아, 그리스, 스페인이 중심에 있었다. 다른 나라들도 몇 개 더 있었지만 핵심은 이 나라들이었다. 그중 그리스는 곧 부도가 날 위기였고, 당장 EU와 IMF로부터 구제 금융을 받지 못하면 끝날 것으로 보였다. 그래서 구제 금융을 받는다. 그러나 EU, ECB, IMF라는 트로이카는 이들 남유럽 국가에 구제 금융을 지원하면서 긴축정책을 지시한다. '허리띠를 졸라매라'는 것이다. 그렇지 않으면 돈을 주지 않겠다는 것이었다. 긴축의 대표적인 방법은 연금을 축소하는 것이었고, 그리스는 연금이 반 토막이 났다.

2012년 4월 4일, 70대 노인이 공원에서 권총으로 자살했다. 그는 쓰레기 속에서 먹을 것을 뒤지기 시작하기 전에 품위 있게 끝을 맺는 것 말고는 어떤 식으로든 싸울 수 있는 방법을 알 수 없다는 유서를 남겼다. 추모가 이뤄졌고, 이때부터 거리의 시위는 규모가 커진다. 2015년, 해성처럼 등장한 극진좌파 치프라스 총리가 그리스는 EU를 이탈하겠다며 'GREXIT'로 트로이카를 협박한다. 그래서 구제 금융도 얻어내고, 빚도 탕감하는 일석이조의 전략이었다. 그리스 국민들의 지지는 상당히 컸고, 치프라스는 곧 그렇게 할 것처럼 보였지만 EU를 탈퇴하면 더 큰 함정에 빠질 것이라는 불 보듯 뻔한 결과를 알고 있었기에 적당한 선에서 타협하고 국민을 설득하는 길에 나섰다. 치프라스도 어쩔 수 없는 선택이었다. 그때 당시는 상당한 비판이 있었다. 그렉시트하라고 뽑아줬더니 유럽의 앞잡이가 되어있다는 비난은 심각했다. 그러나 비난 뒤에 이성적인 판단은 EU에서 탈퇴해봤자 춥기만 할 뿐 대안이 없다는 것은 그리스 국민들도 알고 있었다. '어려우니 때려치우고 더 어려워지자'는 것은 더 무책임한 말이었기 때문이다 우여곡절 끝에 이전보다 좋은 조건에 트로이카와 협상을 하고 EU에 남기로 한다. 국민의 수용이 있었기 때문이다.

2018년, 지금도 치프라스는 총리로서 건재하다. 그리고 구제금융 졸업을 앞두고 있다. 필자가 그리스의 예를 든 것은 그리스 긴축 조건에 의한 구제금융 지원을 반대하고, GREXIT등의 급진적인 정책을 주장하며 국민의 마음을 얻은 치프라스였기에 국민의 뜻에 반하는 협상을 트로이카와 했어도 그렇게 반발이 크지는 않았던 것이다.

즉, 지금 브라질은 국민의 마음을 제대로 얻은 후보가 대통령이 되지 않으면 연금 축소 정책을 펼쳤을 때 더 큰 반발만 사게 될 것이며, 실패할 확률이 크다는 것을 의미하며 반대로 지지율이 높은 후보가 되는 것이 성공할 확률이 높다는 것도 의미한다. 공권력을 이용해 사법부와 짜고 국민을 우롱하여 당선된 대통령이 국민에게 무력을 사용해서라도 연금 삭감으로 인한 재정건전성 확보를 이룰 수 있다는 것이야 말로 천박한 자본주의의 끝판을 보여주는 것이다.

우리나라도 이런 비슷한 경험은 꾸준히 경험해오지 않았던가? IMF때 정부가 금모으라고 강압적으로 정책을 펼쳤기 때문에 국민 모두가 무서워서 어쩔 수 없이 한 것인가? 그리고 우리는 비리와 국정농단으로 인한 국민의 분노를 일으켜 2명의 대통령을 감옥으로 보내지 않았는가? 공권력을 사적으로 이용한 대가는 감정적 분노뿐만 아니라 경제적 손해도 엄청나게 초래한다. 지금 룰라의 비리를 수사하는 브라질의 상황을 보면 2007년, 노무현 대통령의 비리를 수사한다며 논두렁의 시계 사건을 검찰과 국정원의 조작한 일과 비슷해 보인다. 이를 받아쓰기하며 언론은 아직 증명되지도 않은 사건을 생중계 했지만 결국 거짓으로 들어나며 망신주기와 확정되지 않은 범죄에 대한 인권침해라는 비판을 들었던 사건이다.

2018년 8월 현재, 브라질 관련 뉴스는 이를 잘 설명하고 있는데, 브라질 검찰과 보수우파의 유착관계가 심각하다는 것을 예상할 수 있는 내용이었다. 요약하여 설명하자면 룰라가 건설사로부터 받았다는 3층짜리 아파트를 '집 없는 노동자 운동(MTST, Homeless Workers Movement)단체 아파트를 점거했다는 뉴스였다. 그러면 주인이 허락하지 않았는데 점거했기 때문에 경찰은 진압할 수 있다. 그러나 미리 룰라는 1월에 트위터에서 자신을 구속한 검사의 주장대로 아파트가 자기 것이라면 MTST가 그곳을 차지해도 된다고 허락하는 트윗을 날렸다.

쉽게 말해 룰라가 '아파트가 내거라면 너네 들어와서 살아…'라고 한 것이다. 이는 어떤 의미냐를 잘 생각해볼 필요가 있다. 룰라의 집에 룰라가 허락해서 들어간 것이니 경찰은 그들을 퇴거시킬 수 없고, 만약 경찰이 퇴거를 시킬 법적 명분이 있다면 이건 룰라 것이 아니라는 점이다. 경찰과 검찰은 딜레마에 빠진 듯 보인다. MTST 단체의 깃발에는 '만약 아파트가 룰라의 소유라면, 그것은 우리의 것이다. 그것이 룰라의 소유가 아니라면, 룰라는 왜 지금 감옥에 있는가?' 라고 쓰여 있었다고 한다.

5월 20일, 룰라의 지지율은 32.4%이다. 그러나 룰라의 구속으로 이를 제외하고 한 여론조사 결과는 사회자유당 후보가 18.3%로 1위를 차지하고 있고, 지속가능네트워크(Rede)당 후보가 11.2% 민주노동당 후보가 9% 사회민주당 후보가 5.3%로 나오고 있다. 룰라를 여론조사에 포함시키면 룰라가 32.4%인 반면 사회자유당 후보 보우소나루 의원은 16.7%로 감소한다. 즉, 두 배 차이가 난다는 것이다.

이는 매우 심각한 문제이다. 채권의 리스크는 대선이 가까워질수록 커질 수밖에 없다는 결론이 나오는 이유다. 그리고 룰라의 구속 상태가 계속 될수록 룰라의 지지율은 다시 오를 가능성이 높다. 비리보다는 지지율에 집중하게 되고, 룰라가 대통령하던 시절의 추억은 더욱 부각 될 수밖에 없기 때문이다. 룰라가 지금 비리사건을 겪으면서도 이런 지지율을 얻을 수 있는 이유는 퇴임 시까지 80%대의 지지를 받았기 때문이다. 결국 지금도 브라질의 위기를 벗어나게 할 사람은 룰라밖에 없다는 쪽으로 기울고 있다. 그러나 이런 상황에서 룰라에 대한 법적 처분의 부당함이 약간이라도 나타난다면 국민들의 거리 시위는 더 커질 수밖에 없고, 혼란은 갈수록 가중될 수밖에 없는 것 이다. 만약 룰라가 감옥에서 단식이라도 한다면 이는 국채가격의 하락은 자명할 것이다. 무조건 브라질 국채에서 던지고 나와야 한다. 일각에서는 브라질의 경제성장률이 좋으니 브라질 국채 가격은 더 오를 것이라는 긍정적 전망을 하고 있다.

이는 명백한 착각이다. 미국에 의한 글로벌 환경이 매우 나빠지고 있기 때문에 자신의 경제성적보다 어떻게 미국의 고금리 고달러 정책에 대응할지가 우선이다. 성적이 좋다고 재정적자가 해결되는 것 같지도 않기 때문이다. 이런 가운데 정치적 리스크까지 플러스 되었다는 것이 '브라질 국채에 투자하기 전 봐야하는 대목'이다.

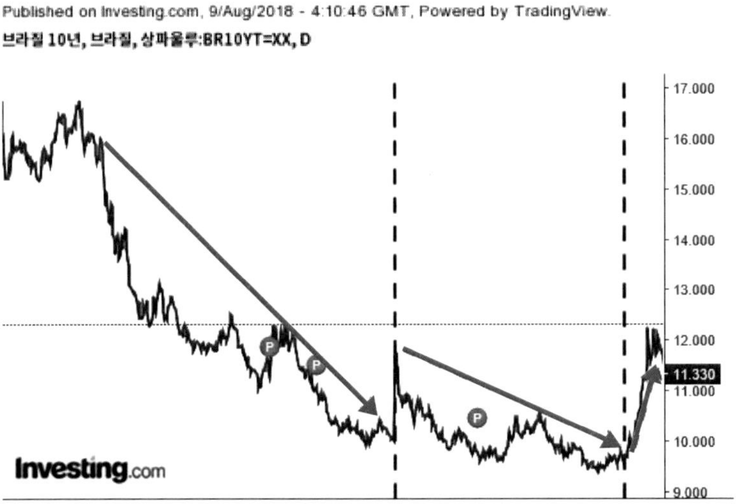


브라질 국채 금리

**브라질 증시**

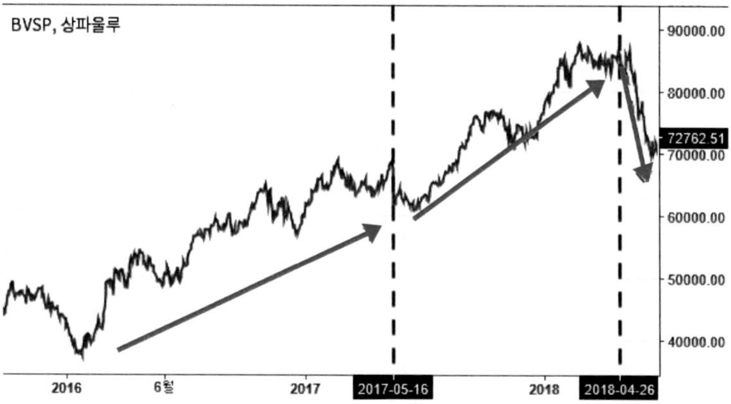


차트를 보면서 좀 더 구체적으로 설명해보겠다. 브라질 국채금리는 2016년 17%에 육박한 상태(차트상단 검정색 선)였다. 이때 브라질 증시(차트하단 : BVSP, 상파울루/청색 선) 바닥으로 37,193P 였다. 이때부터 브라질채권에 외국인이 유입되고, 금리가 낮아지면서 증시에도 긍정적인 역할을 한다. 그래서 2018년 3월까지 2배 이상의 수익을 냈다. 채권금리가 9.44%까지 내려가면서 얻은 성과였다. 브라질은 채권과 증시에서 모두 큰 수익을 본 것이다.

이런 모습은 역시 미워도 다시 한 번 갈만한 상황이라는 긍정적인 심리가 투자자에게 작용할 수밖에 없었다. 한없이 약해질 것 같았던 달러가 강해지는 시기인 4월부터 문제가 심각해지고 있다. 위의 차트를 보면 브라질 국채 10년물은 4월 이후 상승하는 모습을 보이는데 이때 증시도 조정을 받는 것을 알 수 있다. 2년간의 브라질 국채금리와 증시는 정확히 반대로 움직이는 것이다. 즉, 국채가격과 증시가 같은 방향으로 움직인다는 것을 알 수 있다. 현재 탈고 중인 8월 9일 국채금리는 다시 반등하고 있다. 이렇게 되면 조만간 브라질 증시도 하락할 가능성이 높다는 것을 예측할 수 있다. 또한, 달러 인덱스가 보여주는 달러 강세 시그널은 그래서 부라질 국채금리가 다시 한 번 6월 고점인 12%를 뚫고 올라갈 수 있을 것이라는 가능성은 열어놓고 있다. 또한 달러 인덱스의 상승은 브라질 헤알화에 부정적인 영향을 끼쳤는데 올해 들어 달러/헤알이 3.1헤알에서 최고 3.95헤알까지 27% 상승한 것이다.

달러/헤알

달러 인덱스

위의 차트를 보면서 설명하자면 2017년에는 달러/헤알(캔들차트)이 3.3헤알~3.1헤알 박스 권에서 움직인다.(상단 청색박스) 2018년 들어 달러인덱스가 하락하다가 바닥을 다시는 2월과 3월 시점에(하단 청색 박스) 더 이상 달러가 내려가지 않

는다는 이유만으로 헤알화는 달러대비 약세를 보이기 시작한다. 더 심각한 때는 달러인덱스가 4월 11일 이후 바닥을 찍고 상승하는 시기에 달러/헤알 환율은 가파르게 상승하는 것을 볼 수 있다. 이렇다보니 브라질 국채는 환차손과 채권금리 상승으로 인한 매매차손 둘 다 우려를 해야 하는 상황이 왔다. 특히 원화에 대한 환차손은 꽤 높아지는 상황이 되었다.

**헤알/원**

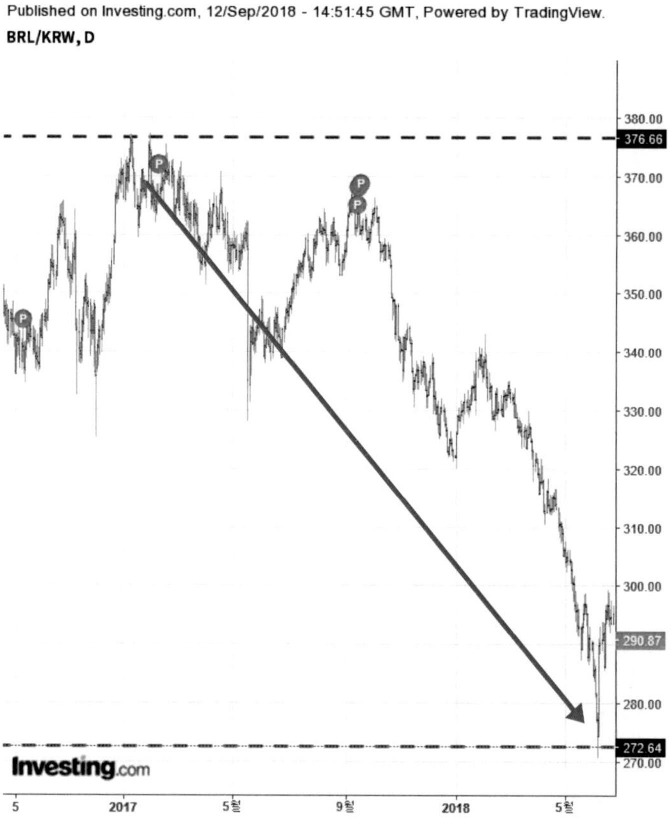


2017년 브라질 헤알화는 376원이 고점이었다. 그러나 5월 들어 274원까지 하락했다. 헤알화가 원화 대비 30%

이상 절하된 것을 알 수 있다.이것만으로 마이너스가 심각해지는 것이다. 이유는 간단하다. 이머징 마켓에서 이 시기에 달러대비 강세를 보였던 통화가 원화였기 때문이다.

그럼 미워도 다시 한 번 뉴스가 나오면서 브라질 국채 열풍이 불던 2018년 1월부터는 어떻게 되었을까? 차트를 보면 340원이던 1월의 헤알/원 환율은 현재 296원까지 반등하며 마이너스 폭을 만회하는 것을 알 수 있다. 10%가 조금 넘는 마이너스를 기록 중이다.

필자는 브라질 국채에 대한 상담을 많이 하면서 되도록 빨리 매도할 수 있는 방안을 고려해보라고 조언했다. 앞으로 달러가 더 강세를 유지할수록 브라질은 기준금리를 올려서 헤알화 평가절하를 방어해야 하기 때문이다. 그렇게 되면 국채금리는 더 상승하게 될 것이며 브라질 국채에 대한 매력은 떨어질 것이기 때문이다. 그리고 달러대비 원화의 강세가 브라질 헤알화 보다 잘 유지된다면 환차손도 계속 커질 수 있기 때문에 엎친 데 덮친 격이 될 수 밖에 없다. 아주 자명해지고 있기 때문에 내년까지 브라질 국채를 가져가지 말라는 당부를 한다.

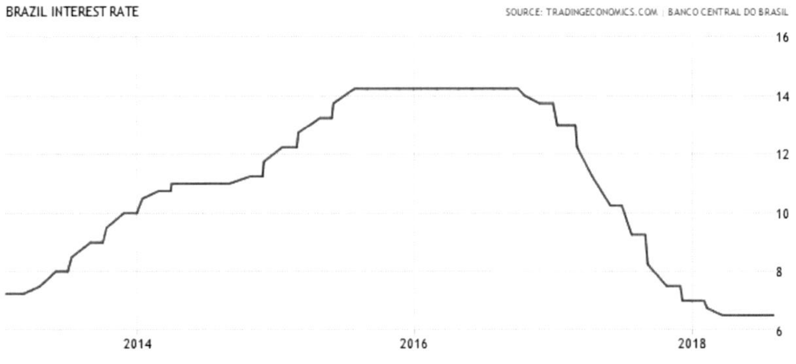

옆 페이지의 차트를 보면 현재 브라질 기준금리는 6.4%로 매우 낮은 상태이다. 그런데 헤알화가 계속해서 달러에 대해 절하된다면 어쩔 수없이 금리를 인상해야할 것이다. 필자는 그 시기를 올해로 본다. 그리고 앞에서 언급한 브라질 대선은 룰라가 되더라도 단기적으로 금리는 폭등할 가능성이 높다.

이유는 간단하다. 월가는 브라질 보수 우파를 지지하고 있고, 룰라가 된다면 포퓰리즘 정책으로 연금 삭감 정책을 이어나가지 않을 것이라는 우려가 작용할 수 있기 때문이다. 여러모로 브라질은 올해보다 내년이 더 취약할 수밖에 없다. 그러므로 적지 않은 금액을 브라질 국채에 투자한 사람들에게는 지난 번에 집필했던 책에 이어 다시 한 번 정리하라는 조언을 하고 싶다. 쉽지 않겠지만 내년은 매우 힘든 이머징 시장이 될 것이고, 브라질은 더욱 힘든 시기를 보낼 것으로 보이기 때문이다.

## 에필로그

위기에서 기회를
찾고자 하는 이들의
진정성 있는 안내자이길
희망하며

"자산관리는 돈이 많은 사람들만 하는 것 아닌가요?"

이런 얘기를 자주 듣는다. 사실 필자의 고객 중에는 파산자와 개인회생자도 있고, 월급이 적어서 고민인 분도 있다. 그러나 몇 년을 같이 하면서 그분들의 재정 상태는 많이 좋아졌고, 지금도 고객으로 인연을 유지하고 있다. 앞으로 설립할 자문사는 모든 이들이 월 3만 원이면 서비스를 받을 수 있게 할 것이기에 큰 부담이 되지는 않는다. 이렇듯 자산관리의 대중화를 하고 싶다.

주변에서 '왜 지금처럼 어려운 시기에 자문사를 차리냐'며 '시장이 폭락한 다음에 편하게 하면 되지 않겠느냐'라는 걱정 어린 조언을 많이들 한다. 그래서 더 적기라고 판단했다. 위기에서 수익을 내는 자문사이자 위기 속에서도 고객의 자산을 더 잘 지킨 자문사로 기억되고 싶기 때문이다. 적어도 필자의 강의를 듣고 필자와 상담을 한 고객들이 이번 위기를 잘 넘길 수 있게 해드리고 싶다. 그리고 그분들과 같이 회사를 키우고 싶다. 회사의 주춧돌 같은 분들이기 때문이다.

2009년, 전역 후 금융영업 전선에 뛰어들면서 가졌던 철학이 있다. 바로 '상즉인(商卽人) 장사란 곧 사람'이라는 뜻이다. 최인호의 소설 《상도》에 나오는 문장으로 '장사란 이익을 남기는 것이 아니라 사람을 남기는 것'이라 했다. 10년을 해오면서 장사를 이익으로 본 적도 많아서 사람도 많이 잃어봤고, 반대로 사람만 보고 노력했기에 도움을 받은 적도 많다. 앞으로는 이 문장을 실천하기 위해 더욱 더 노력하겠다.

필자에게 2018년은 잊지 못할 해가 될 것이다. 유튜브 '후랭이 TV 채널'로 인해서 많은 좋은 이들을 만났기 때문이다. 강의도 활성화되면서 많은 분들이 어려운 걸음을 해주셨고, 고객으로서의 인연도 이어가며 매우 고마운 한 해가 된 것이다.

올해 만났던 분들에게는 놀라운 특징이 있다. 작년까지는 복잡한 경제 얘기는 빼고 쉽게 어디에 투자하면 오르는지에 대한 부분만 가르쳐달라고 했던 분들이 많았으나, 올해는 어떻게 시장이 돌아가는지에 대한 공부를 하고 싶어 하는 분들이 많아졌다. 스스로 공부하고 관리하지 않으면 위험해질 것 같다고들 했다. 이러한 특징은 위기에 대한 불안감이 커졌다는 것을 의미한다.

강의에서 이런 위기에 대한 불안감이 많다는 것을 느꼈다. 한 번 강의에 3시간 정도를 하는데 강의가 끝나도 질문은 1시간 가까이 이어졌기 때문이다. 그리고 매우 열정적으로 강의를 듣고 필기하는 것을 보면서 작년과 너무 다른 느낌이었다. 강의내용이 쉽지 않음에도 불구하고 기초적인 부분부터 시장을 오래 봐야만 알 수 있는 전문적인 부분까지 많은 질문을 쏟아내었다.

수강생들이 더 알고 싶어 하는 것을 보면서 한 가지 더 알게 된 사실이 있다. 필자의 강의를 듣는 이들은 '위기에서 기회를 찾고 싶어 한다'는 점이다. 평생 한번 올까 말까한 기회를 이번에 제대로 준비해서 위기가 온다면 기회로 만들기 위한 공부를 하는 것이었다.

필자 또한 같은 목적으로 투자 자문사를 준비하고 있다. 그래서 강의에 오시는 분들이 동료이면서 전쟁터에 같이 나가는 전우같이 느껴질 때가 많다. 특히 인상 깊었던 상담고객이 있었는데 은퇴를 하셨지만 엄청난 스펙을 자랑하시는 분이었다. 굳이 필자와 상담할 이유가 없어 보였다. 이름만 들으면 알만한 국내 최고의 PB가 관리해야 할 것 같은 분이셨기 때문이다. 그래서 한번 물어봤다. '은행이나 증권사에 가면 최고의 PB를 만날 수 있을 정도의 자산과 스펙이 되시는데 필자에게 오셨는지'를 말이다.

그랬더니 유튜브와 강의에서 허세 없이 솔직하게 얘기하는 것이 신뢰가 간다고 하셨다. 오히려 필자는 의식하지 못했던 부분이었는데 그분의 말씀에 힘입어 '앞으로도 계속 이런 마인드를 유지하기 위해서 노력하여야겠다'는 다짐을 하게 되었다. 내년에 자문사를 설립할 계획인데 이런 조언을 바탕으로 초심으로 운영해야겠다.

요즘 색다른 경험도 하고 있는데 지방 곳곳에서 상담신청이 들어오고 있고, 외국에서도 상담이 오기 때문이다. 물론 외국인이 아니고 외국으로 이민 또는 직장 및 사업으로 가신 분들도 유튜브를 보고 상담을 신청하는 것이다. 그분들이 직접 오셔서 대면 상담은 어려운데, 꾸준히 기획해오던 온라인 자문사를 콘셉트로 온라인 화상 상담을 하기 때문에 가능했다. 그리고 이것은 대면상담 만큼 호응이 좋았다. 필자는 지금 이러한 온라인 자문사를 한국최초로 설립하고자 진행 중에 있고, 이러한 온라인 자산관리를 받고 계시는 분들의 호응이 매우 좋다보니 성공가능성이 있다는 확신이 들고 있다.

구체적인 계획과 설립에 필요한 전문가들을 만나면서 계속 미팅하며 진행 중인데 이제는 편한 곳에서 편한 시간에 예약을 하여 자산관리 상담을 받는 서비스를 공급할 예정이다. 그렇다면 시간과 장소에 구애를 받지 않고 할 수 있기 때문이다. 앞서 말했듯, 대부분의 직장인이 자산관리도 받고 재테크에 대한 공부도 하면서 은퇴까지 준비할 수 있는 여건을 만드는데 도움이 되는 자문사가 될 수 있도록 하는 게 목표이다.

마지막으로 이 책이 독자 분들이 위기라는 파도를 잘 넘기는데 조금이라도 도움이 되었으면 좋겠고, '이호룡'이라는 사람이 만든 자문사도 많은 관심을 가져주시길 바란다.

# 참고문헌


· 카미노(순례자의 길) 다큐멘터리 [감옥] 시골백수 제작
· 〈시사상식사전〉 블랙먼데이
· [돈버는 트렌드] 이머징 펀드 투자 아직도 괜찮을까?
· 〈서울경제〉 박홍용 기자 좌파 ‘룰라’ 빠진 브라질 대선에 ‘극우인사’ 지지율 선두 달려
· 〈중앙일보〉 양적완화로 글로벌 금융자산 1000조 달러 돌파…. 세계 총생산의 12배
· 〈연합인포맥스〉 그린스펀 “채권시장 거품, 풀리고 있다.”
· 〈민중의 소리〉 이정무 기자 국제 왜 좌파활동가들은 룰라가 ‘뇌물로 받았다던’ 아파트를 점거했을까?

# 강의후기 모음

## 「위기를 기회로 만드는 직장인 재테크」 수강 후기

### 1 오늘 강의에서 어떤 부분이 제일 도움이 되셨나요?

항상 부분적인 재테크 상식·공부만 할수있어서 답답했었습니다.
전반적인 종합적인 경제종합을 하고 싶었습니다.
'환율 + 부동산 + 금리 + 주식 + 해외투자' 의 연계성 !...
좋았습니다.

## 「위기를 기회로 만드는 직장인 재테크」 수강 후기

### 1 오늘 강의에서 어떤 부분이 제일 도움이 되셨나요?

세계 경제 흐름과 방향성에 대해서 확인할 수 있는 시간이었습니다.
베트남 펀드 매도 시기를 재고 있었고
자산의 30% 정도를 달러로 보유중이라 매우 도움이 되었습니다

**가슴뛰는 시간 콩닥콩닥** | 강의 후기 전체공개 2018.07.08. 18:50

**자유시크릿(fox0****)** 정규멤버 11 https://cafe.naver.com/no1ireland/1729 주소복사

오랜만에 가슴이 콩닥거렸다
위기만을 들으며 위기장에 내재산을지키며 돈도벌수있다는생각에~~준비할수있는시간을 주는
지금이시장에도 감사하고
준비를할수있는방법을알려주시는 대표님을 만나서 너무감사하고 저에게 찾아온 책한권의힘으로
많은사람을 만날수있고 배울수있는 나자신의 운에도 너무감사했다..
지금의 마이너스가 어찌보면 플러스가될수있다는 생각이들어 난 결정할수있는 계기가되었다
월요일이 기다려진다..내틀을깨고 난 지금상황을 0으로만들고 스타트라인에설것이다..
위.기.만은 나에게 아주잘뛸수있게 슈퍼울트라운동화를 장착해주었고 무릎보호대에 헬멧까지 그리고 오래잘뛸수있게 내등에작은배낭속에
물과초코렛까지 장착해주는 아주귀하고도 귀한시간이었다..위.기.만 함께 들으신모든분들에게 행복하게웃을수있는날이 오길바라며...
대표님 건강하세요..오래잘뛸수있게 해주셔서
감사합니다..

**위.기.만 강의후기** | 강의 후기

전체공개 2018.07.03. 09:03

**하남흰둥이(hind****)** 성실멤버 1:1

https://cafe.naver.com/no1ireland/1624 주소복사

안녕하세요. 하남흰둥이 입니다.

저번주 토요일 위.기.만 수업을 듣고 왔습니다.

베트남 수업에 이어서 두번째인데요.

3시간동안 알찬 이야기 해주셔서 대표님께 진심으로 감사드립니다.

저는 채권에 대해서는 너무 어렵고 이해가 잘 되지 않아 주식만 했었는데요..

채권에 대해 자세히 설명해주셔서 감사했어요.

제가 머리가 좀 나쁜편인데도 대표님이 쉽게 설명해 주셔서 이해가 되더라구요 .ㅎㅎ

하지만 주기적으로 수업을 계속 들어야 겠다는 생각을 했답니다.

시장이 너무 예측하기 어렵고. 트럼프가 몬짓을 또 할찌도 모르고...

개인으로서는 참 감당하기가 벅찬 장인거 같아요.

베트남 수업도 저번에 썼지만 나중에 투자할때쯤 ㅋㅋ 현장답사를 자주 다녀오시니.

또 강의 듣고싶습니다. ㅎ

지금진짜 폭락이 폭락이.. 이런폭락이 없어요.어떻게 예측이 가능하신지.. 초보는 신기할따름입니다.

수업 감사했습니다.

**위기만 21회차 2018/08/17금 19:00** | 강의 후기

2018.08.18. 15:55

**뭔가의만두(koko****)** 일반멤버 1:1

https://cafe.naver.com/no1ireland/2447 주소복사

안녕하세요
08월 위기만 강의를 어제 듣고 왔습니다.

저는 직장을 2년쯤 다닌 사회초년생입니다.
아직 전세자금을 비롯한 각종 지출이 크지만 보다 빠른 제테크를 위해 혼자 부단히 움직였습니다.

그리하여 혼자서 적금도 하고 주식& 펀드를 하며, p2p에도 소량의 금액이지만 참여하고 있습니다. 또한 노후를 위해 변액보험도 하나 있네요..

이렇게 너무 과도한 분산 투자? 돈이 모인다는 체감보다는 하나하나가 마이너스 이율이 날때마다 전전긍긍하는 저를 볼 수 있었습니다. 결국 2년간의 저축이 무의미해졌습니다.

그래서 이번엔 좀 달라지기 위해...
강의이전에 후랭이 유투브를 비롯하여 다양한 유투브 영상과 주요 뉴스를 보려고 노력하였습니다.

하지만 강의를 들으면서
저의 얄팍하고 편중된 지식에 대한 한계와
투자에 대한 접근 방식 그리고....
모든 투자는 오를 것이란 절대적인 우상향에 대한 희망을 가지고 있었다는 걸 알게 되었습니다.

이번 강의를 통해 채권 금리 및 환율등의 정보를 살펴보며 거시적인 시야로 시장의 동향을 살피려 노력할 것입니다.

휴식도 전략이란 마인드로 강의에서 알려주신 정보등을 더 공부하며 성공적인 투자가 될 수 있도록 노력 하겠습니다.

차후에 있는 강의도 참여하여 아직 부족한 부분을 채우고 싶네요

다른 분들도 기회가 되시면 강의를 듣는걸 권해드립니다.